THE APP GENERATION

How Today's Youth Navigate Identity, Intimacy and Imagination in a Digital World

破解APP世代

哈佛創新教育團隊
全面解讀數位青少年的挑戰與機會

霍華德・嘉納 Howard Gardner
凱蒂・戴維 Katie Davis

陳郁文__譯

●●●

各界推薦

智慧型手機發明到今天不到十年，各式各樣的APP應用也進入到無論老幼的生活中，我們忙著用手機照相、修圖，發LINE訊息跟朋友溝通，玩遊戲，購物，室內定位，或是拿手機來付錢……族繁不及備載的應用，低頭族與手滑族都是這個世代才有的新名詞。

我們盛逢其世，有幸見證、參與，一同移民到這個數位新世代。同時，這個時代也孕育出許多原生APP族人，好比我兩歲的女兒敏敏。她看到電視上播出不想看的內容時，會跑到螢幕前揮手，並期待畫面會切換，微笑之餘，也看到了世代巨大的變化，正影響著人類的歷史走向。

本書針對這個世代進行剖析，分析年輕世代在自我認同、親密關係，甚或創作與創意上可能的變化。其中，有我們也都感受到的現象，更多的是沒預料到、但影響深遠的觀察。

推薦本書給對於APP影響力有興趣，但還沒能完全搞懂的各位，一起為擁抱這個新世代做足準備吧！

——LINE台灣總經理　陶韻智

《破解APP世代》是多元智能理論大師嘉納博士和戴維教授研究歸納出的新現象，閱讀本書，等於正在閱讀未來世界。APP世代，是繼Z世代、C世代、M世代、N世代之後，已經成形的另一種族群。各種意想不到的應用程式出現的主因，不外乎「科技始終來自於人性」，這本書讓我們了解青少年到底用平板或手機在做些什麼；也點出青少年迷戀使用各種APP，忽略現實的人際溝通，將是X世代和Y世代亟需解決的困境。

——永春高中校長　王天才

父母、師長，以及政策制定者必讀的一本書。

以引人入勝、強而有力的手法，檢視數位科技帶給今日年輕一代與社會未來的衝擊、後果，以及代表的意義。

——哥倫比亞大學教育學院前院長　亞瑟・列文Arthur Levine

霍華德・嘉納是美國當代最負盛名的發展心理學家與公共知識份子，他的新作不容錯過！

——哈佛大學甘迺迪政治學院教授　羅伯・普特南Robert Putnam

本書由一個傑出的跨世代研究團隊，向年輕人拋出當代最重大的社會挑戰議題。嘉納向來令人折服的洞察力與清晰思路，加上戴維在此領域的深度實證經驗，兩人聯手帶領眾人前進甚少了解的領域。

時而發人深省，時而令人振奮，正是為人父母與師長熱切期盼的一本書。

——史丹佛大學人類學教授　坦雅・魯爾曼Tanya M. Luhrmann

嘉納與戴維在本書中結合學術研究與個人經驗，針對年輕人穿越現今社會數位洪流時面臨的挑戰與機會，提出精細而微妙的觀察。

——麻省理工學院媒體實驗室學習研究教授　密契・雷斯尼克Mitchel Resnick

本書貫穿四個數位世代，以豐富生動的討論和範例，呈現了數位科技在自我認同、親密關係與想像力三個層面的實際影響，以及「數位原住民」的真實面貌。

嘉納更將這項前瞻性研究延伸到數位時代的美術創作，顯示出從一九九〇年到二〇一一年，青少年作品的複雜度提升了，也更有創意；但同時也指出，隨著數位時代影音主導的環境興起，對傳統和語言、文字的講究正逐漸式微。

——加州大學洛杉磯分校心理學教授　派翠西亞·格林菲爾Patricia M. Greenfield

《破解APP世代》探討關於我們未來的重大議題，一本深具前瞻性與預言性的作品。

——《快樂，從心開始》作者　米哈利·契克森米哈賴Mihaly Csikszentmihalyi

一個新世代已然成形，他們成長於APP環繞的時代，透過APP稜鏡反射出他們對親密關係、自我認同與想像力的視角。

嘉納與戴維以深具建設性的態度探究這個現象，提供分析工具，分辨哪些

APP有害、哪些使人受益。最後，他們提出建言：利用科技迎向世界，而不背向世界。《破解APP世代》並非反科技，而是還原科技應有的角色。

——《一起孤獨》作者 雪莉．特蔻Sherry Turkle

與其反射性地抱怨「這些屁孩整天只會滑手機」，不如好好讀這本書。

——《正念雜誌》

論點大膽而刺激……為後續研究提出有用的參考架構。

——《出版社週報》

本書針對數位媒介和相關應用如何形塑青少年的APP心智，提出發人深省的論點。

將聊天對話與學術註解融為一爐的寫作風格，是一般大眾，包括家長和教育工作人員都適合閱讀的好書，極力推薦給所有讀者。

——《選擇雜誌》

《破解APP世代》提出一個有趣的觀察——這個時代成長的年輕人不僅沉迷於各式各樣的APP，甚至已經將世界視為APP的集合體，而他們的生活就是一連串APP的排列組合。或許很多人還認為，人生就是一個長時間的、從搖籃延伸到墳墓的APP。

——《紐約時報》，懷特．嘉納Dwight Garner

這本書促使我們問自己：我們所使用的科技，以及因之而來的思考方式，何時讓我們更有能力？何時又讓我們變得依賴無能？是我們擁有APP，還是APP支配了我們？

——《富比士雜誌》，喬登．沙皮洛Jordan Shapiro

APP已經無所不在，作者說得很清楚，現在問題在於：我們如何運用APP發揮效益和創意。

——《哈佛雜誌》，凱瑟琳．薛Katherine Xue

嘉納與戴維提出有力的證明——依賴ＡＰＰ，確實對年輕人有不良影響。

——《金融時報》，葛坦．馬坎尼Gautam Malkani

嘉納與戴維的新書具挑戰性，也發人深省。凡是關切青少年如何改變，以及想了解最佳教育典範和新世代科技之間如何兼容並蓄的教育工作者，都適合一讀。

——《教育週刊》，賈斯丁．瑞奇Justin Reich

《破解ＡＰＰ世代》指出，數位科技對年輕人自我認同和親密關係的建立，以及想像力，已帶來前所未有的衝擊。

——《愛爾蘭觀察報》，艾默．塞克頓Emer Sexton

《破解ＡＰＰ世代》挑戰了「科技不過是工具或資訊」的觀念，讓我們了解到，科技與我們的關係，才是它最重要的功能。

——《西雅圖時報》，莫妮卡．葛茲曼Monica Guzman

對今日現況提出一針見血且輕鬆易讀的觀察報告。

——《週日時報》，賈許．葛蘭西Josh Glancey

一流的研究！嘉納與戴維在《破解APP世代》中明白指出，由於新科技與社會變遷的速度太快，過去以二十年為一個世代，現在可能縮短成五年。

——《安提阿評論》，羅伯特．佛卡提Robert S. Fogarty

如同所有人類的發明，從廚房刀具到汽車，工具和科技總是有利有弊，端視我們如何運用……教育學家嘉納與他的博士研究生戴維提出「APP賦能」與「APP依賴」的概念，為數位工具的利與弊做出明確的區隔。

——Live Mint新聞網，亞如納．桑卡拉納亞南Aruna Sankaranarayanan

嘉納與戴維對於習慣為孩子下指導棋的父母，隱約表達了關切，這值得我們多想一想。現今許多現象的產生，不僅源自於對科技的依賴，也是父母害怕孩子走錯路的焦慮感作祟下的副產品。

——Slate新聞網，艾蜜莉．巴澤隆Emily Bazelon

contents

序　我們的年輕世代為什麼特別？

本書是由一個長期研究計畫、幾個新問題，以及一段意外而美妙的合作關係共同促成的心血結晶。霍華德在哈佛大學零點計畫（Project Zero）的研究團隊一直致力於研究兒童與青少年認知技能和倫理取向的發展，二〇〇六年，我們的團隊開始關注兩個議題——因為麥克阿瑟基金會研究員強納森．范頓的一項計畫，我們開始探討新興電子媒介對青少年倫理準則的影響；幾乎在同一時間，我們與茱蒂．戴蒙展開範圍更廣、更深的對話，討論年輕世代的思考過程、性格、想像力與行為如何被這些媒介影響，甚至產生劇烈改變。

研究一旦開始，沒有人能期待答案會自動浮現，或預測以什麼方式出現。基於對年輕世代認同議題的興趣，凱蒂．戴維開始研究年輕人寫的部落格，隨後以她的家鄉（百慕達）年輕人的自我認同為題，撰寫她的博士論文。在她攻讀博士期間，凱蒂加入凱莉．詹姆斯與霍華德主持的研究團隊，機緣巧合下，一個共同主題與寫作計畫應運而生。當我們發現今天的年輕人堪稱為「APP世代」，便決心寫這本書。本書探討範圍雖然橫跨幾個世代，但感謝凱蒂的妹妹茱莉，與霍華德的孫子奧斯卡的訪談內容，構成本書的開頭與結尾，基本上是原音重現，只有中間的內容百分之百由我們撰寫。

在本書的寫作過程中，我們很幸運獲得多方的協助，特別要謝謝凱莉．詹姆斯，她是我們七年來不可或缺的研究夥伴；同樣要感謝的還有哈佛零號計畫一群優秀而認真的團隊成員，瑪格麗特．蘭道、塞爾卡．史卓恩與艾米莉．韋恩斯坦，以及參與時間較短的馬克．愛丁諾夫、查克．克拉克、唐娜．迪巴托洛密歐、愛瑪．海斯臣與艾米莉．卡普蘭，這群同仁從研究設計、受訪者徵求與訪談，以及資料分析各方面都充分參與。也要感謝霍華德辦公室的同事給予我們的協助，他們是克莉絲．亞當、維多利亞．尼可斯與丹尼．穆辛斯卡。

凱蒂的妹妹茱莉是一位熱情、思考細膩的研究夥伴，在本書嘗試捕捉與定義APP世代特性的過程中，提供我們珍貴的觀點。此外，凱蒂的另一位妹妹愛麗兒（比茱莉大一歲）雖然沒有直接參與計畫，也提供我們一些素材，作為書中貫穿三個世代的背景論述。

還有上百位接受訪問與焦點團體訪談的受訪者，十分感謝你們願意撥冗深入回答我們的問題！同時也要謝謝協助安排訪問的夥伴們，包括西敏．戴蒙、瑪麗．史奇普與雪莉．薇內瑪。

還有南茜．亞特維利、安．吉利森、約翰與史蒂芬妮．梅爾，謝謝你們提供過去二十年青少年藝文創作的資料，我們原本希望書中能夠收錄所有分析過的作品，可惜無法聯繫到每一位作者，取得他們的同意。

針對在百慕達進行的研究，凱蒂要特別感謝百慕達教育部，以及提供協助並受訪的校長們。

還有許多在各方面幫助我們的人士，在此一併致謝：麥可．康奈爾、安德魯．嘉納與賈斯汀．瑞奇，謝謝你們的寶貴意見。賴利．弗里曼、凱莉．詹姆斯與艾倫．溫納，謝謝你們仔細校閱整本書稿。

特別感謝耶魯大學出版社負責本書的編輯艾瑞克．布蘭特、文稿編輯蘿拉．杜莉，以及我們的行銷專員伊莉莎白．培頓。此外，我們的版權代理商尼瑞姆．威廉斯的霍普．丹尼坎、吉兒．尼瑞姆與艾克．威廉斯，謝謝你們的付出，讓本書的問世與推廣順利進行。

最後，謝謝麥克阿瑟基金會的茱蒂與潔明．戴蒙、強納森．范頓、羅伯特．嘉路奇、茱莉．史塔奇與康妮．優薇爾，沒有各位鼎力支持，不會有這本書的誕生。

Chapter 1

一場跨世代的對話

這個時代成長的年輕人不僅沉迷於各式各樣的 APP，甚至已經將世界視為 APP 的集合體，而他們的生活就是一連串 APP 的排列組合。

展開對話

二〇一二年三月，一個春寒料峭的晴天，本書的兩位作者——霍華德·嘉納、凱蒂·戴維，以及凱蒂的妹妹莫莉，展開了一場漫長的對談。十年前，二十出頭的凱蒂開始跟著五十多歲的霍華德做研究。從那時開始，他們合作了許多研究與寫作計畫，本書是其中之一。這段對話在霍華德位於哈佛大學的辦公室進行，當時莫莉十六歲，正在新英格蘭一所私立高中讀十一年級。

霍華德與凱蒂為何展開並記錄下這場對談？緣由是，自二〇〇六年起，兩位作者與研究夥伴開始檢視科技在年輕人的生活中扮演的角色。這一代年輕人可以說是在各式資訊科技軟硬體包圍的環繞中成長，因此被稱為「數位原住民」。身為研究人員，我們使用各種實證方法，探索現今年輕一代有別於過去世代的特質。但我們意識到，如果要對當今數位化世代提出任何陳述或結論，必須建立幾項重要的比對基準。

後來我們發現自己的家人便可提供方便可得、又具實證經驗的參照指標——透過家中不同年齡的成員，來觀察與記錄跨世代的改變。

霍華德成長於一九五〇年代的美國賓州東北部，勉強可定義為「數位移民」，當時全世界電腦數量屈指可數。而凱蒂出生於一九八〇年代的加拿大，在百慕達成長。當她還是幼兒時，她在百慕達的家中只有一家電視台（哥倫比亞廣播公司），後來擴展成三家電視台（哥倫比亞廣播公司、美國廣播公司、國家廣播公司），到了一九九〇年代中期，她的父母終於在家中安裝了有線電視；凱蒂使用電腦的機會，僅限於學校每週一次的電腦課。

然而，先後居住在百慕達與美國的莫莉，已經記不起沒有桌上型電腦、筆記型電腦、行動電話和網際網路的日子。成天用智慧型手機上網，這名典型的數位原住民，將她的青春時光盡情揮灑於臉書、推特及其他各種社群網路。於是我們的跨世代對話，以及之後三人間的溝通連絡，恰好反映出三個世代在科技運用上的強烈對照。

三個世代，三個主題

雖然我們的對話範圍相當廣泛，但有三大主題逐漸浮現，同時成為貫穿本書的主題：我們的**自我認同**（identity）、我們與他人的**親密關係**（intimate relationship）、我們如何運用創造力與**想像力**（imaginative power），以下稱為「三I」。當然，人性基本上未有多少改變，但我們認為，近幾十年來，數位科技已經重新塑造了我們的自我認同、親密關係與想像力。在我們的對話中，你將可以辨識這些變化的跡象。

在莫莉與凱蒂的同儕中，聲勢最強（雖然已略為滑落）的社群網站，非臉書莫屬，這也是我們討論中反覆出現的主題。雖然她們是彼此的臉友，但倆姊妹使用這個社交網站的方式相當不同。凱蒂在二十幾歲成人後加入臉書，她斷斷續續用臉書與加拿大、美國、百慕達的家人朋友保持連繫；然而，對莫莉來說，臉書代表日常生活重要的一部分，自從她十二歲加入以後，臉書意味著青春成長歲月中重要的社交場所。

在描述使用臉書的經驗中，莫莉提到同學間流行的一種做法，立即引起霍華德與凱蒂的高度興趣。莫莉的學校和所有中學沒什麼兩樣，總有一群公認最受歡迎的風雲人物，女生一定是正妹，男生多是體育選手，如曲棍球或足球隊員，大多數出風頭的球員都是高三生，只有少數是高一生。莫莉注意到，有些正與同齡男生約會的高年級女生在臉書動態上顯示她們已婚，不過結婚對象不是真正的男友，而是同球隊的高一小男生。

「那些受歡迎的高三女生流行找可愛、有魅力、再過幾年可能大受歡迎的高一男生，與他們一起合照，在他的臉書牆上留言，打情罵俏，有點像是認養寵物一樣。」

霍華德對這種做法大感意外，他說我們通常認為，高中和大學女生會喜歡年紀比她們大的男生，「我高中的時候，高二與高三的女生都設法與大學男生約會。」

莫莉耐心地解釋，這些女孩並不是真的想跟高一男生交往，畢竟她們已經有同齡的男友，這種做法比較像是社交關係的開展與強化。透過女孩的這種做法，高一男生得以融入球隊的社交圈，而女生本身運用「臉書婚姻」，等同進一步對外宣告與高年級男生的關係。

我們以這個小故事作為開場，因為這是數位時代青少年文化的一個有趣的範例，此外，它也觸及這本書的三個主題。關於**自我認同**，高一男生與高三女生的臉書婚姻是一種公開表演，是十幾歲青少年營造的線上虛擬形象。由於觀看的是線上群眾，虛擬的外在形象可能與青少年真實的內在自我，包含連帶的價值觀、信念、感受和願望等沒什麼相關。然而弔詭的是，即使非刻意營造，電子婚約仍可能強化某種身分認同。

當我們開始思考電子媒體崛起後的社交和互動新模式，**親密關係**的議題便隨之浮現。（我們很難在類比時代找到與臉書婚姻相同的故事。）雖然我們研究時認為，這類線上虛擬關係有其正面價值，但關係的深度與真實性是令人質疑的。莫莉觀察後的看法是：「雖然他們（高年級女生和低年級男生）在臉書上表現親暱，實際生活中卻沒看過他們走在一起或討論功課。他們真的很擅於在臉書上營造『所有事都很棒！我們是好麻吉！一切都很完美！』的印象。」試想，莫莉實際上很少與這些青少年接觸，不過經由臉書，她仍與他們產生連結。

我們的最後一個主題是**想像力**，如果不算太過跳躍的話，毫無疑問的，臉書婚姻是一種想像力的表現。霍華德認為，「這有點像西方神話中，年紀較長的女王挑選一位年輕的情人來侍奉她。」特別一提的是，這種角色扮演或許是受臉書的男女關係選項（已婚、單身、交往中、情況複雜）所引導或啟發。臉書婚姻展現了數位媒體如何促成新的想像和表達；同時，數位應用也以其獨特而鮮明的方式，塑造和限制了想像力的表達。

我們名之為──「APP世代」

我們談論的範圍十分廣泛，包括各個相關的主題和看法。在我們探究過的領域，包括教育和育兒、宗教和政治、工作和娛樂、個人道德和職場倫理等等（本書末尾將探其中部分主題），都可以發現相似的趨勢與現象。數位媒體的觸角幾乎已經伸入各個領域，而日後將帶來的影響勢必也是同樣戲劇化，並且難以預測。

數位媒體迄今所帶來的變化中，我們觀察到一個特徵最能捕捉其神髓，我們命名為「APP世代」。「APP」是應用程式（application）的簡稱，是一種軟體程式，一般設計在行動裝置上使用，讓使用者從事一項或多項的操作（圖1）。APP的應用範圍或大或小，功能可以簡單、也可以複雜，一般都由設計的個人或公司嚴密控制。安裝APP可以聽音樂或看《紐約時報》、玩線上遊戲或聽祈禱文、回答疑問或提出問題。最重要的是，它們快速，而且隨時隨地唾手可得。APP如同捷徑，直接給你想要找的答案，不再需要上網搜尋，或像死硬的傳統派——透過自己的記憶尋找。

圖1. 行動裝置上的各種APP

我們的看法是，這個時代成長的年輕人不僅沉迷於各式各樣的APP，甚至已經將世界視為APP的集合體，而他們的生活就是一連串APP的排列組合。或許很多人還認為，人生就是單一的、長時間的、從搖籃延伸到墳墓的APP。（我們姑且稱這個功能齊全的APP為「超級APP」。）不論人們需要什麼，APP都可以提供。如果想要某個APP卻找不到，就應該有人立即設計出來（或許就是搜尋的人）；如果沒有人想到或設計出APP，那肯定沒這個需要（或恐懼、難題），根本不重要或不應該重要。

我們來看個生活中耳熟能詳的任務——找出從甲地到乙地的路線，再來看APP如何逐漸取代我們過去執行的方式。一個世紀以前，如果你要從麻省劍橋的哈佛廣場找出一條路線到波士頓的北端，你大概有幾個選項。你可以問朋友或路人，得到手寫或口述的指引，或仰賴過去旅程的記憶，還有就是拿出波士頓地區的地圖，再決定用步行或其他交通工具來規畫路線。更極端的方式：你可以隨意走（冒永遠到不了的風險），或搭地鐵，頂多像金士頓三重唱的知名歌曲中那個下不了車的查理，在波士頓地鐵裡流浪，回不了家。你也可以向某家公司（多年後成為美國汽車協會）索取旅行指南，那是連笨蛋都會用，用一格一格的地圖前進的道路指南。

有些讀者會懷念這些年代，就現代意識而言，這些人似乎是無可藥救的傳統懷舊派。近年來，許多人手上或車裡都多了一種裝置，告訴我們目前準確的空間位置，指引我們如何前進到目的地，萬一我們因為某種緣故走錯了路，還會重新定位。就實際作用而言，這種全球定位系統消除了旅途中的不確定性。的確，只要叫出Google地圖，你就可以將智慧型手機當成導航系統。這類APP不但提供我們異常詳盡的位置和路線圖，運用我們已知與預測的偏好，以及其他使用者的評論，還能主動告知旅途上的各種選項，例如附近的餐廳、咖啡館或其他景點。可以說，這些APP提供零誤差的旅程導航之外，還試圖滿足我們一路上所有的需求與欲望。

談到這些生活中可靠且零誤差的導航工具，霍華德有次在對大學生發表教育相關的演講後，一位聰明而有些激進的學生向霍華德炫耀性地舉起智慧型手機，笑著問道：「未來我們還需要學校嗎？畢竟所有問題的答案都已經或即將包含在這支智慧型手機裡。」霍華德仔細想了一會兒，然後回答：「是的，所有問題的答案……除了重要的以外。」一個充滿各式APP的世界在許多方面可能是美好的，但是我們必須要問：人生是否只是一堆APP的組合，或是一個無所不能的超級APP？

APP很棒，如果我們用來解決日常瑣事，讓我們有時間開拓新事物、發展更深入的人際關係、思索人生最重大的奧秘、建立獨特且有意義的自我認同。然而，如果APP只是將我們變成擁有較高技能的懶人，沒有獨立的思想、沒有探索新問題的能力、不會開展有意義的人際關係、不懂得與時俱進持續提升自我意識，那麼從心理學的角度來說，APP只是一條通往奴隸的道路。從哈佛廣場到波士頓北端，你可以張開雙眼，也可以一路都閉著眼睛。

接下來，我們試圖以兩個新的詞彙來做對比：讓APP幫助我們開拓新的可能性，此為APP**賦能**（App-enabling）；相反的，如果讓APP限制或決定我們的優先順序、選擇和目標，就成了APP**依賴**（App-dependent）。

我們的研究方法

我們已經以非正式用語介紹了本書的命題，也大致提示了我們將在後續章節裡詳細探究的答案。我們並不是嘗試描繪現今年輕一代的先驅，研究數位媒體對新世代影響的人不在少數，幾乎每天都有人撰文讚美或哀悼被數位裝置掌控的生活，幾乎每半個月就會出現討論這個議題的評論或書籍。在埋首這本書以前，我們必須先向讀者解釋我們的努力，以及這本書究竟有何特別之處。

雖然目前已有部分關於數位世代的思想與作品值得注意，但是系統化的資料蒐集與分析卻少得令人汗顏且難以接受。我們試著矯正這種失衡狀態，過去五年來，哈佛團隊聚焦現今年輕人的特質，完成許多研究。透過各種方法，我們試圖了解現今的年輕人在哪些方面，以及所採取的方式上，與有過去世代有什麼不同。

一開始，我們觀察年輕人，與他們談話，在獲得允許之下，旁聽一些溫和的對話和閒聊，像「現今的青少年」這類主題，有時則以比較挑釁的方式開場，如「我們到底虧欠父母什麼、哪些事情是父母的錯」。部分對話經過錄音，其他則根據筆記，之後予以重建。

正式的調查作業中，我們主要在新英格蘭地區，小部分在百慕達，對大約一百五十位年輕人進行了系統化的訪談。在新英格蘭的採訪於二〇〇八至二〇一〇年間進行，是年輕人數位媒體行為的道德議題調查的一部分。為了這項計畫，我們訪查從國中到大學剛畢業的年輕族群，了解他們使用數位媒體的經驗，包括他們在網路上遭遇過的任何棘手情況。我們也採訪了二十位女生，她們在國中與高中期間，都在網路社群平台LiveJournal寫部落格。其他的採訪在百慕達進行，對象分別是八年級至十二年級的中學生。我們從訪談中獲得許多資訊，包括年輕人如何看待數位媒體、如何運用這些媒介，以及他們認為手指間形形色色的各式裝置到底有什麼優缺點。

為了補足對年輕族群的研究，我們也對擁有豐富知識與經驗的成人進行調查。我們組成七個焦點團體，每個小組由六至十位成人組成，每位皆曾從事至少二十年的青少年相關工作，橫跨數位熱潮興起前後時代。每個焦點團體的成員都與年輕人有特定形式的接觸，說得詳盡一些，有些人是心理分析師、心理學家與心理衛生工作者、夏令營營長與資深輔導員、宗教領袖、藝術教育者、學校老師與課後輔導老師，後者主要的接觸對象是低收入社區的年輕人。此外，我們進行了四十次採訪，常常都超過兩小時，對象是二十年以上資歷的中學老師。每個焦點團體與談訪都經過錄音、記錄與分析。

最後是這項研究最特殊之處，我們比較了一些機構累積二十年的學生藝術作品，從中選擇了兩大類——小說與視覺圖像創作，解析這段期間作品的改變。我們會在後續章節討論年輕人的想像力，將詳述研究的結果，而這個結果也印證了年輕藝術家所選擇的媒介，對他們創作表達的重要性。

我們運用了許多研究方法，相關技術細節記載於附錄裡。

本書的探討脈絡

現今對於年輕世代的討論普遍失之於片段和過時，沒有將不同背景因素放入考量，這點是探討這個主題必須審慎思考的。

因此，在以下的章節裡，我們將從兩條脈絡來了解、探究年輕世代。第一是科技層面，如果我們所稱的年輕世代，是以他們喜歡使用的科技來定義，我們就必須思考早期的科技——從手持工具到電話——如何影響，甚至定義了人類、人性和人類意識。這些討論讓我們思索上個世紀的工具、機器與資訊媒體之間的差別，以及數位媒體可能帶來的作用力與影響力的大躍進。

第二個脈絡是刻意橫跨不同世代。當我們說「一個世代」，究竟是什麼意思？就人類大部分的歷史而言，世代是以生物學的方式來區分——一個人從出生到（可以）為人父母的期間。近幾個世紀以來，關於世代的認定越來越傾向以社會學的角度來定義，世代的特性往往與當時的重大事件互相呼應，不論是軍事的（世界大戰）、政治的（領袖暗殺事件）、經濟的（經濟大恐慌）或文化的（一九二〇年代是「失落的一代」，一九五〇年代則是「垮掉的一代」）。在此我們則建議，以各時期主要使用的科技來定義世代，並根據特定科技創新的延續時間來決定世代的長度。

在我們所有的討論中，焦點自始至終鎖定年輕世代的行為，以及他們的長輩們是如何看待與解讀這些行為。同時，我們也關注過去半個世紀發生的事件，特別是霍華德、凱蒂、莫莉三個人成長的時空裡，對於形塑我們的自我認同、親密關係與想像力有關的重要事件。一九五〇年出版的兩本書——社會學家理斯曼（David Riesman）與同事撰寫的《孤獨的人群》，以及心理分析家艾瑞克森（Erik Erikson）所寫的《童年與社會》，為這項跨世代的比較提供了適切的研究背景。

在這項大範圍的研究計畫中，為了兼顧實證的多樣性與學術目標，我們（包括讀者們）都希望有一個可行可信、貫穿全局的主軸，我們透過將年輕人歸結為「APP世代」的論證來呈現。無論在解析科技或世代背景，或是審視各項實證研究時，無不專注於APP的取得、擴散和威力，如何使我們的年輕世代顯得如此不同與特殊——的確，他們的意識是沉浸在汪洋般的APP裡形塑而成的。

在最後一章，我們探討這種「APP大環境」對一連串人類活動與心智的影響。從更大的格局來說，我們思考的問題是：「APP世界」的人生，對人類、乃至於這個星球，究竟指出了什麼樣的未來？

Chapter 2

科技如何改變人性？

APP 會讓人變懶惰，將你的注意力局限在毫無創意或瑣碎的雞毛蒜皮上；但同時，APP 也可以開啟一個想像、創造、創作、混合後再創造的全新世界。

人體內建的硬體和軟體是最原始的工藝，撫摸新生兒的腳，他的腳趾便會張開；聽到突如其來的巨大聲響，他會嚇一跳；向三個月大的嬰兒微笑，他也會對你笑，不需要任何指令。

人類發明工業技術（現代則以科技統稱），已經伴隨我們幾千年的時間，同時也是文明發展的一部分。你能用毛刷代替手來搔癢；用打擊樂器或霧角來製造聲響；嬰兒會對著洋娃娃或手機笑。小孩子不見得是被動的反應器，大約在生命中的第一年，嬰兒就能搖響環，尋找被藏起來的電話筒，甚至拉著電腦滑鼠，看游標滑過螢幕……便將資金從一個帳戶轉移至另一個戶頭。

不論是身體的一部分，或是由我們雙手設計、創造，人類從生到死，至少到開始衰老時，科技是我們完成許多活動的主要工具。人類許多偉大的成就源自於自己的發明，想想時鐘、手紡車、蒸汽機、太空船；大多數讓人害怕的成就也來自人類的發明，想想弓與箭、來福槍、核子武器、太空船（再來一次），或是較近期的，遠距離戰鬥的機器人。

記住四個領域

我們要探討的 APP，可說是當代一項傑出的科技。但是談到 APP 與「APP 世代」時，不可避免會觸及四個不同的層面或領域，它們各有其專業用語與詞彙，而且經常被混淆或混用。確實，我們身處的時代變化如此快速，在思考相關的組成要素時很容易如此。我們將盡可能清楚說明我們要探討的面向，並避免過於咬文嚼字與賣弄學問。

- 工具與機器是傳統定義裡的**科技**（如斧頭、蒸汽機），通常是用木材、金屬、塑膠或其他材料製造。
- **資訊**是能透過人體或各式人為工具傳遞的訊息（如新聞、娛樂、地圖、百科全書條目等）。
- 透過特定機器或工具傳遞資訊（如播放本地和國際新聞的電視機，便是一種傳播媒介；呈現地理資訊的 Google 或 Yahoo 地圖也是其一），在提到這些例子時，我們使用**媒介**一詞。

- **人類心理**（感覺、注意、分類、決定、行動，以及人類其他心理作用）。

舉個具體的實例，假設某個人要搜尋某個區域不同的餐廳，就說在波士頓的北端好了，一名青少年想與朋友見面聚餐：

- **科技**指的是他所使用的某款智慧型手機或工具。
- **資訊**則是他以許多方法取得的美食資訊與餐廳地址。
- **媒介**指的是APP如何呈現這些資訊；當本書出版時，Yelp、Google地圖是熱門的選擇。但基本上相同的資訊也可以用手寫、看地圖，或是由其他APP呈現部分資訊，例如提供健康飲食的APP。
- **人類心理**牽涉手、眼、耳的使用；需要運用注意力來消化、處理資訊；決定去哪裡、與誰去、為了什麼目的；以及對過程和結果的感受。

科技改變了人類心理

科技改變了人性，這種說法並不稀罕，至少改變了人類的思想與行為（我們所稱的「人類心理」），而且是從根本起了變化。關於時鐘、蒸汽機、核子武器帶來改變的書籍已經汗牛充棟，的確，其中包括著名的《槍炮、病菌與鋼鐵》。美國文化評論家孟福（Lewis Mumford）認為，二十世紀的工業技術日漸控制了我們擁有的選項，使人類越來越像齒輪，好讓機器依照（最初由人類）設計的方式運轉。[1]我們創造各式工業機器使工作自動化，結果

圖 2. 卓別林在《摩登時代》中諷刺工業化社會
1936 © Roy Export S.A.S. , scan Cineteca di Bologna

反而讓自己成為機器人——令人想起起卓別林《摩登時代》中飽受催促折磨的組裝線上工人（圖2）。

法國的孟福——埃呂爾（Jacques Ellul）更進一步描繪一幅令人毛骨悚然的圖象。[2]他認同工具對人類歷史的重要性，確實，手持工具通常有助農夫或工匠的工作效率，他將手持工具與機器分開而論，機器是更精密的設備，可以自動運轉（遠勝手持工具），以利組裝線上的工人大量生產。在他看來，如果認為機器與工具僅止於控制人類的生活，這樣的想法太過天真。他認為，這些技術人造物從根本改變了人類的心理活動：生活中各個層面都必須盡可能追求合理化、標準化評量，並設定優先順序以達到最高效率（或其他可以量化的標準，如速度或達成的數量）。盡一切可能達到目標，任何阻礙都將遭到剷除。最後我們成為一群方向一致，毫不猶豫地朝向全面科技化環境前進的物種。

雖然孟福可能認為APP如同暗中搞破壞的情報員，埃呂爾則把科技看作一種無所不能的世界觀的表徵。人類欣然接受科技的前提是效率、自動化與絕對客觀，不僅可以、而且應該貫徹個人的目標、意願與信念。簡單地說，科技重新塑造了人類心理。

媒介的變革

我們聚焦特定的傳播科技載體，在此我們稱為媒介。很少人會懷疑，在耶穌基督出生以前，寫作的發明導致人類思想與表達根本上的改變。蘇格拉底認為寫作會損害人類的記憶，但事實上是推動了哲學與科學思潮。還有一個類似的共識是，六百五十年前的印刷術是劃時代的發明，古騰堡發明的印刷機雖然削弱了宗教的極權主義，卻為教育普及奠定了基礎。

二十世紀時，在已開發或開發中國家，有關人體、工具、工廠、軍火武器等各種技術進展迅速，但威力卻遠不及傳播媒介的發展，首先是電報，接著是電話，然後是收音機與電視。從接受訊息，如電報（至少對善用摩斯電碼或其他電碼的人），到電話（任何想說話的人），以及送出訊息的載體，逐一成為科技染指與操控的對象。毋庸置疑，技術或機器的角色很重要，但是它們通常難以察覺，一般人聽不到、也看不到，它們成為背景的一部分，就像每家餐廳吧檯上一定會擺放的電視機一樣。

雖然有些人認為這類通訊媒介「不過是工具罷了」，事實上卻有造成改變的轉化效應。電報讓重要新聞在幾分鐘內流通傳播，取代了耗時數天、甚至數週的海陸運輸。藉由電話，我們幾乎可以和別人即時通訊，無論距離遠近或熟識與否。而收音機與電視機則讓我們直接與世界同步——提供新聞、金融、體育，以及沒完沒了的娛樂節目，從打鬧的喜劇、連續劇，乃至於嚴肅的戲劇不等。一九三六年十二月，人們可以真確地收聽到愛德華八世退位的轉播；兩年後，當非洲裔的美國拳王路易斯在一個回合內擊倒德國重量級對手史邁林時，你能聽到整個洋基球場歡聲雷動。電影創造了明星，各種八卦與醜聞也立即傳遍全世界。

當孟福與埃呂爾全面批判各種工具與機器時，加拿大學者麥克魯漢（Marshall McLuhan）則嚴厲批判二十世紀無遠弗屆的大眾傳播媒體。[3]他在《古騰堡星系》這本著作中，比較了收音機和電視問世後的世界，與書籍與印刷品的世界。在後者，人們吸收訊息是線性的，以自己的速度，並以個人獨特的方式消化。從麥克魯漢的觀點來看，每一種媒介都可視為人類感官的延伸，改變了個人與周遭世界的關係。透過眼球眨動、瀏覽與吸收，印刷媒介促進個人的獨特性與自我導引；對照之下，二十世紀的電子媒體則催化了一種分享與群體的族群意識。這之間的區別在於，媒體是否激發或允許特定受眾積極參與：「冷」媒體的受眾參與程度高，「熱」媒體則容易使人變得被動與依賴。

事實上，麥克魯漢當年已經預見網際網路即將興起，並寫下地球村即將形成，世界各地的人們將有越來越多機會參與、分享同一個訊息或事件，而且通常還在同一時間。據說一九九七年，全球有九八％的人（孩童除外）在兩天內得知英國戴安娜王妃死於車禍。

儘管麥克魯漢能洞察未來趨勢，但是他主要的生活與寫作時期是二十世紀中期——大眾電子媒體的時代（霍華德年輕時的世界），而非數位霸權時代。其後數十年間（莫莉的少年時期），我們的世界逐漸由電腦掌控，幾乎人手一部。桌上型、筆記型、智慧型手機、平板電腦與其他各種數位科技，足以讓我們與世界上任何一人或所有的人連絡，功能還遠不止於此。網路世紀與上個世紀的大眾媒體時代最鮮明的區別在於，強烈的個人化和用戶端參與。

個人化意味著，相對於收音機與電視，使用者越來越能自行決定接收那些內容，以及什麼時候接收。**用戶端參與**的意思是，使用者隨時可透過視覺、觸覺和聽覺，以數位裝置輕鬆、直接地傳送及接收內容，我們不再只能從特定地點（或特定內容製造者）接收訊息；現在我們能以許多方式，向任何擁有數位裝置的人發送自己的訊息。

一九七〇年代末期與一九八〇年代初期（蘋果第一代個人電腦於一九七九年出現，蘋果麥金塔於一九八四年出現；而如同預言般巧合，麥克魯漢在一九八〇年過世），隨著第一批個人電腦的出現，鮮活地標示了這項變革。人類歷史上第一次，平凡百姓（不限於科學家或軍事人員）擁有彈指間與世界連結的科技（沒錯，只要碰一下滑鼠）。任何人只要擁有個人電腦，便能與外界連絡，創作文字、圖畫或音樂；也可以從任何擁有相容軟硬體的個人、團體或企業，接收同樣的資料。如此神奇的通訊變革，完全歸功於一部設計優雅、具有迷人的回應功能的機器。

此後的幾年之間，主要拜賈伯斯與蘋果電腦公司之賜，科技與媒體又起了巨大的變化，而我們可能沒有機會再次經歷過去那劃時代的一刻，不禁想起英國詩人華茲華斯（William Wordsworth）的詩句：「活到黎明已是幸福，但擁有青春更勝天堂。」[4]

APP與習慣

開始來談APP。無論哪一個年齡層，只有少數人（雖然人數正在增加）能撰寫程式碼，創作我們所用的軟體程式與操作流程。大部分我們在網路上完成的事情，是他人創造的程式運作出來的結果。這些程式因應不同目的，以不同的方式設定不同選項和步驟，於是我們面臨一個主動與受限的矛盾。開始與執行APP是主動的；但是此後透過APP完成的行為，則被局限在或大或小的範圍內，如付費APP，即使下載也是被限制的。

就此觀點而言，APP好比一個封閉的社區。[5]這些限制可以不留什麼空間，選擇十分有限，就我們的定義，即APP依賴的心智狀態；但也可以是具挑戰性的，挑戰我們的能力所及，刺激我們創造一個全新的或新形態的應用方式來改造環境，成為APP賦能。（當然啦，即使我們設計了一個新的APP，也不見得可以在蘋果電腦的APP商店上架！）

孟福在意的是，究竟是人類控制科技，還是科技控制了我們？以埃呂爾的話來說，這些新科技的應用，到底是加快我們朝向全面科技化世界的腳步，還是提供新的表達與理解方式？如果引用麥克魯漢的術語，APP不過是一個具備高感官度的新媒介；還是說，APP是電子與數位媒體的巧妙綜合體，從而開啟了人類心理活動發展的新篇章？

兩種心理對照

當一個人，無論是孩童或成人，在使用APP時，我們關注的焦點會由技術面轉移到心理面，從機器或媒介轉移到使用者。最初，嬰兒對外界刺激只有反射動作，如吸、看、抓等動作和驚嚇反應。這些反射動作很快地會被一連串後天因素形成的動作所填補，最後完全取代。這些因素包括神經系統的成熟、一個人身處的外在環境、幼兒時期成長的文化背景，以及這些行為所引發的內在與外在獎勵。人類生來擅長處理新經驗、新行為與新反應，否則我們將無法脫離反射時期。我們有創造的天分，而且只要有機會，就會發展出新的行為，並進化為長期的習性。

心理學家詹姆斯（William James）很傳神地描述這種現象，他曾說過，習性或習慣是「推動文明的巨輪」。說得淺白些，習慣讓日常生活節奏得以維持，也是人類進步或退步的推手。確實，習慣與人類行為，和科技一樣廣泛而包羅萬象，吸大拇指、背誦祈禱文、解微分方程式，都可以養成習慣。當我們年輕時，習慣很容易養成，也很容易改變。詹姆斯開玩笑說：「年輕人如果了解自己多快就會成為慣性的產物，他們在可塑性高的時候，就會多留意自己的行為了。我們時刻都在轉動自己的命運，無論好與壞，沒有改變不了的時候。」[6]的確，關於兒童教養，全世界都致力於好習慣的建立，如收拾殘局、練習彈奏樂器，同時努力消除對自己與他人不利的壞習慣，我們都不希望自己的孩子上課發呆、穿越馬路前沒注意左右來車、生氣時找別人出氣。

再回到凱蒂與霍華德花了許多時間投入的心理學範疇。

先來談一項足以與著名的「棉花糖實驗」並駕齊驅的研究。所謂棉花糖實驗，是以學步兒是否能克制立即吃棉花糖的誘惑，願意延遲滿足，來預測未來升大學考試SAT的分數高低。[7]心理學家波娜薇茲（Elizabeth Bonawitz）和同事則是將玩具拿給受試的學步兒，其中一個情境稱為「教導情境」，由一名見多識廣的成人示範如何玩玩具，這名大人用力拉扯一條黃管子，玩具便發出刺耳的聲響；另一個情境稱為「探索情境」，由一名顯得天真無邪的大人展示玩具，故意不小心弄出聲響。接著讓這些學步兒開始玩玩具。

「教導情境」中的學步兒，僅僅重複成人示範的動作就結束了；然而，「探索情境」裡的學步兒，多花了許多時間把玩玩具，並嘗試找出許多不同的玩法，遠遠超過大人隨意的示範（另有一組「無示範情境」也獲得相同結果）。[8]

這麼說或許有些誇張，我們認為這項研究成果足以作為整套心理學和教育理論的基礎。教導情境具體而微地呈現了「行為主義」的心理研究方法。這派心理學說的代表人物史金納博士（B. F. Skinner），他最知名的事蹟是訓練鴿子打乒乓球，以及用他發明的史金納箱養育嬰兒。史金納認為，人類心理基本上是生物體對於外來刺激的反應。[9]如果一項行為受到獎勵，人便會重複這項行為；如果沒有受到獎勵，該行為遲早會消失。舉個較不那麼正面的例子，人類的學習是隨機的探索，直到發現獎勵的誘因才會持續下去。正面來看，受人稱許的行為則成為範例並受到仿效。

另一派相對的學說，則在霍華德的專業生涯期間大行其道，稱為「認知主義」或「建構主義」。[10]其觀點為，技巧與知識的建構奠基於個體自身對環境的主動探索，他人提供的獎賞固然好，但最重要的關鍵誘因源自內在的回饋——個人在探索世界時感受到的歡愉。模仿與塑造雖然可行而且也有幫助，但除非是自己形成的知識系統，否則都只有薄弱和短暫的效果。

你可以輕易看出這些心理學理論與相關教育領域的關連。行為學者偏好結構嚴謹的學習環境，一般稱為「架構完善的課程與測驗」，比較不客氣的說法就是「大量的操練與淘汰」。建構主義則是鮮明的對比，訴求以豐富而吸引人的問題和謎題，來激發好奇心與深入的探究，最多提供一旁的導覽協助，不會直接進場導演。以建構主義的觀點，教育最好的方法是提供誘發興趣的材料，然後離開現場。

然而，行為學派與建構學派都認同習慣的重要性。行為學者認為，習慣便是我們的生活方式，如同史金納博士引起爭議且不帶感情的說法——「超越自由與尊嚴」地活著。[11]對建構學派而言，習慣有利也有弊，你需要它來向前邁進，但也可能成為阻礙你持續成長的絆腳石。借用另一個經常被引述的心理學名言——習慣讓我們更難跨越已知的範疇繼續前進。用我們自己的說法，習慣可以讓我們對某些特定的情境產生依賴，也可以讓我們放手去嘗試一些有潛在重要性的新事物，完全看我們怎麼想。

你如何使用APP？

數位時代的來臨，帶來了許多新習慣。開頭是單純地愛用（或排斥）某項特定的科技。在霍華德的孩童時代，一個孩子或許會抱著電話筒說不停，直到爸媽催促他掛斷電話。現代人則可能成天早晚手機不離身，只在休閒或讀書，或如同許多夏令營執行「一個暑假不碰手機」一樣，採取非常措施時，才會暫時放在一旁。

（當然，「命令」不表示「保證」或「強制」。我們在研究時聽說某個夏令營以盛大的儀式，讓所有團員將智慧型手機放進儲藏室，直到結束時才領回。不料，工作人員不知道部分家長在孩子的行李裡偷藏了第二支手機，所以孩子和家長仍可保持連絡。要消除習慣，不僅對數位原住民很困難，對數位移民——父母們，也是如此。）

決定要不要使用某項科技工具不過是開始。一個人的數位習慣可以從不經心的重複幾個規律的操作，到同時交叉運用多種不同的裝置。人類學誌專家依朵（Mimi Ito）和同事曾記錄，大多數美國年輕人使用數位裝置只是為了「和朋友廝混」，也就是說，他們經常登入看朋友在做些什麼、簡短地問候彼此、計畫何時見面（「嘿，啥事？」或直接一點「臭小子……」）[12]這種想都不用想的習慣用法。少部分的年輕人則是用來「玩」，意思是，他們比較會主動發掘或從事特定的活動，也許是學學怎麼用 Photoshop，或傳給朋友一些有趣的短片，刺激他們回應。這類的「玩家」喜歡、也會多少試著擴展他們的知識或技能，無論是自得其樂或與別人交流。另外可能有一〇％的年輕人是狂熱的科技宅男，他們花大量的時間，每一天、甚至每個小時，投入一項工作或創作，或是鑽研提升相關技能，而且通常有一群狂熱的同好互相交流。這些小團體雖說會使用現成的 APP，但沒多久就會開始熱切地嘗試將 APP 運用到極限，最後乾脆自己創作、散播新的 APP 或開發全新的功能。

套用方才提到的心理學名詞，APP 可以是行為派心理學家或教育人員的常備節目中最新的行為塑造工具，也可以是建構派心理學家或教育人員用來啟發探索的科技楨桿。

下面舉兩種常用的APP，正好提供可以互相對照的例子。

維基線上百科已經提供APP供智慧型手機和平板電腦下載，最簡單的利用方式，便是在做功課時剪下其中一段貼上。相對的，也有人在維基百科上輸入研究的結果，或持續研究並編輯更新，或與一群同伴或團體共同創作。再舉一個例子，你可以用手機影音軟體和技術，剪接出無數個貓貓狗狗或搞怪影片；如果對某議題有強烈主張，也可以製作一支原創短片，然後盡可能廣為散布給越多觀眾看越好。

讓我們先抽離科技和心理學的討論，來看看以下的選項。從技術本身而言，我們可以區分出兩類：一類APP如波娜薇茲的「教導情境」，傾向主導使用者的行為，養成使用者的依賴性；另一類APP則如同「探索情境」，比較像是提供可能的行動選項，激發使用者探索的能力。從人類心理的觀點來看，我們同樣可以區分出兩類：一類是願意、甚至熱切地成為依賴者，以及拒絕上癮，並掌握主動權的個人（無分老少）。當然，許多APP介於這兩者之間，不容易歸類；許多人也會在依賴和獨立兩端擺盪，不論是否出於自願。然而這兩個極端的對比是涇渭分明，而且十分重要。

可能性與或然性

讓我們回到本項研究的三個主題。

關於**自我認同**的形成：APP可能會阻礙認同的形成，讓你成為另一個人的分身（父母、朋友或某個APP設計者塑造的人物）；或者，藉由提供多元而明確的選項，讓你可以更有意識地、整體地、深思熟慮地處理認同議題。你可以用它來確立更堅強而統合的自我；也可以屈服於別人硬塞給你的身分，甚至淪陷在永遠理不清的角色混淆裡。

在**親密關係**方面：APP可以使人際關係變得膚淺、浮面，減少面對面接觸，讓你把所有非先天註定的人際關係都加以分類；另一方面，APP能讓你接觸到更廣大的世界，提供各式各樣與人連結的方式，而且必要時可以隨時關機。你是APP的主宰，而不是被宰制的對象，你可以因此與他人建立更深入、更持久的關係，也可以只停留在冷漠、疏離或泛泛之交的表面狀態。

在**想像力**方面：APP會讓人變懶惰，不願意發展新技能，將你的注意力局限在毫無創意或瑣碎的雞毛蒜皮上；但同時，APP也可以開啟一個想像、創造、創作、混合後再創造的全新世界，甚至形成新的身分認同及豐富多樣的親密關係。

科技巨輪可以解放你的自由，也可以讓你在原地兜圈子。

面對以上眾多的可能性和選項，目前數位領域的學者專家們已經展開熱烈的辯論。一邊是數位時代的全力擁護者，這一派的代表人物包括波亞（Danah Boya）、戴文森（Cathy Davidson）、詹肯（Henry Jenkins）、薛基（Clay Shirky）與溫伯格（David Weinberger）。他們認為，數位媒介促成了史無前例的民主參與，讓人們擁有更多元的技能與知識，並且更具創意地單獨或合併運用各種媒介。[13]從他們的眼中望出去，這是人類史上第一回，每個人都有機會接觸到全方位的資訊和意見，可以隨時接收訊息，對人生做出明智的抉擇；無論政治、經濟或文化各層面，皆能與志同道合者建立連結。此外，浩瀚的互連網路強化了智能與智慧，人人皆可從中受益。就這個觀點而言，一個充滿APP的世界提供無盡的選擇，賦予大多數人正向、具建設性，以及自我實現的指引。這正是建構主義夢想的世界。

另一些人則沒這麼樂觀。卡爾（Nicholas Carr）聲稱，數位媒介因為速度快、時間短，造成思考表淺化，反而重挫了古騰堡時代廣泛形成的閱讀和深思習慣。[14]鮑爾連恩（Mark Bauerlein）進一步加重批判力道，他用了一個敵視且充滿輕蔑的字眼——「最蠢的世代」。[15]桑斯坦（Cass Sunstein）則憂慮數位媒體讓我們傾向結交同質性高的人，而不去接近不同的意見，拓展自己的視野。這些媒體促使，或更惡意地說，強迫形成一批批在智識和藝術品味上沒有分別的小眾，只聽得到彼此回音的廳堂。[16]特蔻（Sherry Turkle）則擔心日益升高的孤立感，以及開放、探討性的對話逐漸消失。藍尼爾（Jaron Lanier）則感嘆數位媒介對於詩歌、音樂與藝術造成的威脅。[17]這些看法顯示，一個充斥著APP的世界，每個當下廣受歡迎的APP都將一步步加深人們的依賴。大家普遍認為，每個時代的科技決定了人們的未來，包括未來本身的風貌。這是建構主義者的噩夢。

我們將以多樣化的資料來源來回應這些論點。接下來我們要探討，APP文化的崛起，使個人在自我認同、親密關係與想像力方面更趨向表淺化，我們是否能持續在這些層面充分實現自我潛能，取其利（強化）去其弊（依賴），將是一項艱難的挑戰。

Chapter 3
由科技定義的世代

APP的出現，造就了一個獨一無二的世代：由科技所形塑，與前人有著截然不同的意識；同時預告了由科技所定義，為時更短的世代即將蜂擁而至。

定義世代

自從人類了解生物代代繁衍的現象後，才可能以世代的視野來思考生命。基本上，任何人或人類以外的動植物都是上一世代（父母）的產物，同時具有繁衍下一世代（後代）的潛力。（本書暫且排除不幸的騾子。）在猶太教和基督教傳統下成長的人們，第一次正式接觸到世代的觀念，可能是透過聖經中一長串看不到盡頭的宗譜。當然，任何年輕人除了以自己為中心的直系親屬外，都會迷失在較年長世代的各種親屬關係中，包括阿姨嬸嬸、舅舅叔伯、祖父母、已不在世間的曾祖父母，以及與自己同輩分、親疏不一的表兄弟姊妹。以傳統的世代長度衡量，凱蒂的年紀足以當霍華德的女兒，莫莉則可以當他的孫女了。

生物學上的世代

綜合考量血緣、曆法與觀念，什麼是一個世代？一個世代延續多長的時間？在古典時代與聖經時期，世代的定義似乎很直截了當：一個時代的長度從一個人出生到擁有後代為止。從傳宗接代的時候開始，世代時鐘開始滴答作響，直到這個人也擁有下一代為止。（比較技術性的說法是，一名女子從出生到她第一個孩子出生，為一個世代）。別忘了，當時人們的壽命比現在短得多——如果排除聖經裡以長壽知名的瑪土撒拉的話，他活到九百六十九歲的高齡讓人難以置信——事實上在青春期開始後不久，就算是成人期的起點。（部分權威人士認為，如同平均壽命一樣，家庭的世代長度自歷史紀錄以來，幾乎延長了一倍，從十四、十五年延長至二十八至三十年。）我們也應該注意有些世代比較非典型的特徵，例如，第一次十字軍東征的世代或發現美洲新大陸的世代，關於這些世代的描述不太可能廣為人知，在大眾媒體興起前更甚少受到矚目。

與世代的定義有關的是，如何描述人生的各個階段。最早我們可以回溯到荷馬的希臘時期，獅身人面怪獸斯芬克斯還在出謎語考路人的年代，當時顯然已經清楚認知到幼兒（四條腿）、成年人（兩條腿）、老人（三條腿）之間的差異，雖然老人可能只有四十或五十歲，而非聖經上說的七十歲。莎士比亞在《皆大歡喜》中提出了令人印象深刻的人生七階段。我們不知道莎士比亞心中每個階段明確的歲數或維持的時間，但我們可以推斷，年輕人是在「嬰兒」與「學童」之後，並且在「法官」、「老者」和「二度童年」之前；更具體一點來說，以莎士比亞喜愛的詞彙，年輕人是「愛人」——如《羅密歐與朱麗葉》，以及「軍人」——如《亨利五世》或《理查二世》中的描寫。

附帶說明一下，我們應該留意，年長一輩人常會以批判的觀點看待年輕世代，這種情結至少可回溯到羅馬時代的劇作家普勞圖斯（Plautus），他說過一句話：「禮貌總是一代不如一代。」近代詩人兼劇作家艾略特（T. S. Eliot）指出：「我們可以很有信心地斷言，我們所處的時代正在走下坡，文化水準較五十年前更加低落；而這種衰頹在每一個人類活動範圍都看得到。」[1]幸好在我們的研究中，霍華德與較年長者可能做出的嚴厲批判，年輕一些的凱蒂與最年輕的莫莉皆能以她們活潑樂觀的觀點加以平衡。

社會學中的世代

以上是屬於生物學或家譜的世代。一旦歷史學家、社會學家或文學評論家進入這個領域，一種世代的新典型就出現了——世代不僅與生下你的父母或那些與你同住一屋簷下的人有關，還包括與你共享相同經歷的同儕。

我們的想法是，在屬於我們的時代，數位科技帶來了新的世代概念，不僅改變世代的長度，還影響世代的意識。說得更確切一點，數位科技，尤其是APP的出現，造就了一個獨一無二的世代：由科技所形塑，與前人有著截然不同的意識；同時預告了由科技所定義，為時更短的世代即將蜂擁而至。

描繪世代共同經歷的情感，可以十九世紀法國小說家福婁拜（Gustave Flaubert）的《情感教育》為代表。表面上，這部小說主要在刻畫主角腓德烈克的欲望、抱負與焦慮，他在巴黎社會努力追求事業、友情、羅曼史、愛情、財務安定，以及被認可的社會地位。這本小說大部分都在述說腓德烈克與他的男性友人一起遊蕩，尋找人生的方向與位置，過程不時出現賭賭小牌、徹夜閒談與風流韻事這些歡樂的片刻。他們談論的是所有你能想像的事情——藝術、音樂、文學、哲學、宗教、經濟、政治——從共產主義、社會主義到封建王朝。（供讀者日後閱讀參考：對巴黎人來說，閒聊和呼吸一樣重要。）我們看到了主角們即將成年時的宏圖抱負，隨後也看到他們年屆中年時的失落與懊悔。福婁拜的企圖遠大於此，他說：「我希望寫下我這一代人的道德歷程，或更精確地說，他們的情感歷程。這會是一本關於愛與激情的小說，而這樣的激情在當今社會是受到壓抑的。」[2]

福婁拜可說是用文學召喚一個世代的先鋒，德國文壇巨人歌德（J. W. von Goethe）則是另一位，他將狂飆突進運動描述得十分戲劇化。但是到了二十世紀初期，對年輕一代的描述，開始不再以父母或出生日期劃分，而是採用他們共同的經驗。在世界相對太平多年之後（對職業軍人除外），歐洲爆發第一次世界大戰，導致「一九一四世代」的出現，數百萬人死於壕溝戰，或在戰爭中內心受創，還有少部分人逃避戰爭。幾年後，美國作家史坦因（Gertrude Stein）在戰後的巴黎向外派同仁發表過一句著名的話：「所有參與戰爭的人們……你們是失落的一代。」[3]

到了一九三〇年代經濟大恐慌時期，一個世代的組成成員，不再以性別或地理名詞作為主要的區別。曾經家境小康或至少有份工作的個人，開始面臨新的現實情境，不論居住或就業，甚至有時候連食物都不再有保障。對社會大眾而言，真正的復甦一直等到十年後才出現，而且很明確是受到該世紀第二次大戰動員的刺激所致。舉國團結一致對抗法西斯主義，緬懷當年，於是出現「最偉大的世代」的稱號。

大眾媒體出現，加速了世代特徵的形成，美國與全球各地皆然。一九五〇年代我們看到「沉默世代」與「垮掉的一代」；一九六〇年代出現嬉皮、花孩（flower children）、年輕的激進份子，以及直截了當的「六〇年世代」……直到最近數十年，故意只用代號而不命名的X、Y、Z世代。確實，基於曆法的考量，每隔十年人們都會以一個年輕世代的特徵作結，從沉默的五〇年代到革命性的六〇年代，乃至於保守的七〇年代。[4]

世代的孤獨感與認同感：二十世紀中葉的文獻導讀

為了分析與評註的目的，選擇一個時點與目前APP充斥的時代加以比較是有幫助的。我們相信最佳的時間是二十世紀中期，最佳的地點則是以中產階級為骨幹的美國。選擇這個年代是因為，這是我們在描述社會時可以不必提到電腦的最後年代，也是霍華德——我們的數位移民樣本——成長的年代。兩本重要的著作，一份來自社會學，另一份來自心理學領域，是我們架構研究的重要依據。

理斯曼《孤獨的人群》

《孤獨的人群》是理斯曼與同事合著的社會學研究報告，於一九五〇年出版，內容深刻地捕捉這段時期的特性。[5]根據他們的研究，早期的美國歷史由兩種國族性格所主導。**「傳統導向的個人」**以前人的信仰與行為模式為典範。我們可以這麼說，在這個社會背景下，舊世界的父系與母系長輩支配了年輕世代孰可為、孰不可為的標準。以這種雙親世代來劃分，**「內心導向的個人」**則嘗試自行摸索建立內心的羅盤，作為行為與信仰體系的標竿。典型內心導向的個人往往切斷他們與家庭的連繫，在大西部、大城市追逐名利或夢想。

然而，新近興起的**「他人導向的個人」**，既不聽從前人（傳統導向型）的規範，也不接受自己（內心導向型）建立的價值體系。相對的，在理斯曼的分析中，這些他人導向的個人通常以他們的鄰居、同儕、偶像，還有他們認可的媒體專家，作為行動、信仰，以及最重要的「消費行為」的典範。大眾傳播媒體對他人導向的個人的心智有莫大的影響力，收音機、電視，以及威力可能是最大的好萊塢電影，都在這段期間一一問世，風靡全美，甚至跨越邊境，影響了全世界。（我們禁不住懷疑，如果理斯曼與他的同仁今天更新他們的著作，是否會增加第四種性格——「APP導向」。）

事實如此，艾森豪總統在任期間（一九五三～一九六一年）代表了一個順從的時代，至少表面上沒有異議，一個獨立自主、良好的社會。幾本當時的暢銷書——《組織人》（*The Organization Man*）、《智者》（*The Wise Men*）、《不受拘束的人》（*The Uncommitted*）、《精英的力量》（*The Power of Elite*）（按發行時間順序），顯示了一個相對沒有動亂、接受權威指導的年代（而非根據前人或自己內心的標準），人們傾向自掃門前雪而不隨便涉入政治，或許還暗自研究如何避開棘手的議題，如種族、性，以及世代間的爭戰。[6]

艾瑞克森《童年與社會》

同一時期，另一本具有相同影響力的著作《童年與社會》，由心理學家艾瑞克森所撰寫，也在一九五〇年出版。[7]《孤單的群眾》提出的三種導向性格廣為流傳，多年來被用來形容美國社會的特質。《童年與社會》的特出之處在於，闡述個人在人生歷程中所面對的八種主要危機。對每一個人而言，人生的危機或壓力無可避免，也無法逃避，任何人如果想要直接跳過或提前結束，危機沒有得到適當、完整的解決，個人終其一生都會飽受困擾。

我們特別感興趣的是，年輕人從孩童中期到成熟的成人期這段時間，面臨的三種發展危機。根據艾瑞克森的分析，自青春期以降，第一項出現的危機環繞在「**認同的形成**」。在童年之後，我們每個人都必須打造符合自己希望與抱負的角色身分，同時，自我的形成不能是唯我的，對周遭社群也必須是有意義的。自我認同的形成可以延後一些時間，有個專有名詞稱為「心理社會性延遲」。但自我認同如不能適當地形塑與表達，後果堪慮，包括可能陷入許多發展不完全的角色身分，造成所謂的「認同迷失」或「角色混淆」，如在大型企業裡的「組織人」，或劇作家米勒（Arthur Miller）在《推銷員之死》裡描述無根而四處旅行的銷售員羅曼；還有一些人可能走向反社會主流價值的「負面認同」，如電影《飛車黨》裡摩托車上的叛逆青年們，或是羅曼那群不負責任的逆子，因為一項危機未能解決，或獲得適當的解決，而影響了往後的人生。一個人若缺乏穩固且統合的自我認同，日後在建立親密關係、撫養下一代、打造新的人生方向，以及在人生終點畫下滿意的句點，都會遭遇困難。

在認同危機獲得解決——姑不論妥善與否——之後，接踵而來的挑戰是「**親密感的鞏固**」：有能力與他人發展深層、有意義的關係，尤其是配偶這一類的重要他人。根據艾瑞克森的理論，能夠與一個或一些人建立多面向的長期關係，至為重要。如果沒有親密關係，人會感到孤立、孤獨與疏離。稍後我們會進一步討論，數位科技專家已經提出這樣的質疑，現今許多年輕人雖然大量透過數位工具彼此連結，矛盾的是，不少人仍感到孤獨。

中年危機——從三十多歲到五十歲，甚至六十多歲的階段——艾瑞克森描述為一段「**生產創造對頹廢停滯**」的時期。生產創造字面上的意思是，生產力旺盛的個人組成家庭、養育下一代，並能負起責任，為周圍的人提供指引；生產創造也有更廣義的意涵，超越單純遵循前人的腳步，能夠運用自己的知識與技能，提出新想法、開創新事業，貢獻社會並且啟發他人。相反的情況則是，有的中年人因為某種或某些理由，無法成立家庭，也難以施展創造力與想像力。這樣的中年生活是頹廢停滯的，猶如一灘死水，就像《推銷員之死》裡羅曼對母親琳達感嘆：「我撐不住了，媽。我就是沒法掌控這樣的人生。」[8]在我們的研究中，將探討讓人創新思考和行動，能夠超越、甚至反傳統道路而行的認知能力，我們稱之為「想像力」。

此外，還有一種人生危機在青春期之前就已發生，即「**積極進取對消極自卑**」。積極進取的少年善於處理社會上各種任務與挑戰，在目前的社會，主要是來自學校的挑戰，如果因應得好，過渡到青春期也會相對平順。你可能會認為，精熟各種APP的運用，可以幫助順利進入青春期——假設充分了解並正確使用這些APP的話，但是所謂「正確使用」，並不是自己說了算。套用理斯曼的性格論檢視當今社會，我們相信越來越多的年輕人是被動依賴

APP，而非積極善用APP。

霍華德的世界：二十世紀中葉的媒體

相對於理斯曼與同事提供的社會學背景，以及艾瑞克森描繪的心理圖象，我們該怎麼看待二十世紀中期的數十年間——霍華德成長的年代——美國的媒體科技世代？如同我們先前說過，一九四〇與一九五〇年代是大眾傳播媒體掌控的年代。收音機與電影（先是無聲電影，接著是有旁白的電影，然後是彩色影片）已經是文化風貌的一部分；電視很快地成為威力更強大的媒體，占據了多數家庭的眼睛與耳朵，並且形成三大電視網聯合壟斷的現象——哥倫比亞電視台（CBS）、美國電視台（ABC）與國家電視台（NBC）。打個比方，整個美國都在看《我愛露西》之類的喜劇、《蘇利文劇場》之類的綜藝節目、《六萬四千美元的問題》之類的益智節目，以及《劇場九〇》或風靡一時的《執法如山》之類的影集。

今天的年輕人很難體會，一九五〇年代的新聞，只有每天晚上播出十五分鐘，後來增加到半個小時。如果你想知道世界上發生了什麼事，你會收看CBS的克隆凱、ABC的史密斯、NBC的韓特利與布林克利以中西部男性的口音流暢地報導。的確，克隆凱每晚播報完新聞時，會以權威的口吻說「事情就是這樣」作結；如果你還不了解狀況，還有克隆凱冷靜的搭檔沙伐瑞德在一旁隨時提供進一步解釋。對於偏好從印刷品與照片獲得新聞與娛樂消息的人而言，亨利・魯斯出版帝國旗下的《時代》、《生活》、《財富》、《運動畫報》，這些刊物的告知力量和普及程度，到今天還沒出現可與之匹敵的對手。

當然，這些媒體幾乎都是單向的接收，除了極少數製造內容的人，絕大多數的人都扮演消費者的角色。到了二十世紀中期，強大的電腦已經問世，但多半局限於科學與軍事的範疇，以及每四年一次的大選時刻，用於預測哪些人將勝出。將電腦運用在日常生活和互動的，當時僅限於美國少數城市，如麻省劍橋、帕羅奧圖、普林斯頓（與英國的曼徹斯特、愛丁堡、劍橋）等的一小撮科學家與技術人員。這種情況就像，儘管有些人是活躍的火腿族（業餘無線電玩家），但成千上萬的閱聽人從來不會想去拆開或組合收音機或電視機一樣。

簡單地說，媒體提供非常少的選擇與非常小的衝突。各個地方的人大部分時間都在觀看或收聽相同的媒體，或閱讀相同的出版品；而且通常在相同的時間。在這種情況下，形成了「他人導向」的一群人——與地理上和科技上的鄰居分享同一種感受。至少在霍華德的經驗裡，這些傳播媒體不像近代的媒介那般掌控人們的生活，當時還有時間玩耍，作白日夢，創造自己的東西。孩子去參加夏令營的時候，除了寄信之外，很少跟父母連絡；等到他們出國或去念大學，通常是幾個禮拜或更久才會連絡一次。直升機家長的概念，還要幾十年後才會出現。

這種情況到今天有了大幅改變。霍華德在一九六〇與一九七〇年代斷斷續續地教書，之後持續教書到現在。每隔十年，霍華德覺得學生對老師——甚至範圍更大的督導員、導師——的要求似乎越來越多，包括正確的做法、需要的東西、成績拿到A的方法，以及好的推薦信，為邁向成功的階梯鋪路。這還不夠，許多學生讓人感覺這些當權人士理應知道他們的需求；如果老師們對這些秘訣、邁向成功之路有所保留，就是不負責任、失職、不公平，甚至是不道德的。這種態度的顯現，最輕微的情節是你我都聽過的問題——「這考試會考嗎？」典型的說法是：「告訴我們你要什麼，我們照做就是了。」更難纏的是：

「如果你不講清楚你的要求，還有要怎麼做到，我們爸媽會跟你沒完沒了，他們會控告學校，連你一起告。」

在我們看來，這些學生在尋找某種APP。確實，APP是存在的，而且老師清楚知道，既然如此，盡可能明快地把APP給學生，本來就理所當然。但學生可以選擇，是要全然依照老師期望的方式來使用這個APP，還是彈性使用，甚至自行改造、調整APP的用法，英明的老師會暗示他比較喜歡哪一種。

誠然，美國一直以來是個幅員廣大與多元化的國家，任何時期都有數以百萬計的年輕人同時成長。（法、德兩國也有同樣情形。）幾乎任何對年輕族群的綜合描述都可能引發——也需要——修正與反例。要清楚勾勒我們對二十世紀中期年輕世代的描繪，需先釐清一點，理斯曼、艾瑞克森與他們的團隊是針對中產階級年輕人——不一定富裕，更絕非出身巨富，但受過教育，不會困在貧窮循環圈無法翻身，男性多於女性，白種人多有色人種，一般有遠大而不平凡的抱負，不論之後是否實現。相較之下，相信我們所描繪的年輕世代圖像，更具有普遍性，特別是作為半個世紀前後期（甚至更早）的世代對照。

科技與世代

霍華德成長時期的美國，發展一日千里。到了一九六〇年代，在科技領域方面，傳播媒體的進展、知識的創造與傳播，快速到令人頭暈目眩。由北加州矽谷領軍疾行，北美、歐洲、東亞、以色列各地大城市紛紛響應，全世界——有時無聲無息，有時大張旗鼓，有時又充滿戲劇性地——進入了數位時代。跟隨大型電腦的腳步之後（或說取而代之比較精確），是體積雖小、功能強大的桌上型電腦與日俱增；但旋即又被筆記型電腦、平板電腦、ＰＤＡ、智慧型手機和其他手持裝置取代。大型電腦龐大笨重，新型的裝置功能更強且攜帶方便，運轉速度更快上許多。電視聯播網的霸權被打破，有線電視系統帶來雨後春筍般的新頻道，其中大多要仰賴數位科技。或許最重要的是，各種數位裝置不再是彼此獨立，無法互連的個體。越來越多的機器一部便具備許多功能，這些裝置之間也能夠互相連結通訊。

回到關於世代的故事，在此出現一個令人意外的轉折。二十世紀中葉的美國，世代的劃分通常以特定的政治經歷或強大的文化力量作為區分，只有在最近這幾年，世代的特性才顯著地籠罩在科技氛圍下。列文（Arthur Levine）和同事針對大學生之間風潮演變的研究，透露出這樣的趨勢。二十世紀後期的學生常以集體的共同經驗來標示自己，如甘迺迪遭暗殺事件、越戰、水門案、太空梭爆炸、二〇〇一年的九一一事件等。然而，二十一世紀揭開序幕之後，政治事件開始逐漸退居次要地位，取而代之，年輕人的主要話題是網際網路、上網、手持裝置、智慧型手機，以及因使用這些工具而來的社會與文化關係，其中最知名的便是社群網路平台——臉書。[9]

我們的時代可能正巧是一個特例，一個出乎意料且前所未有，或許也是獨一無二的——由科技創新所主導的時代。如果真是這樣，我們對於未來世代的預測，或許會回到過去由傳統政治、社會與文化事件作為區分世代特徵的模式，但也有可能，年輕世代已經劇烈地、甚或永久地轉向。世代分水嶺從原本的政治事件，越來越傾向以最新潮、最強大的科技產品來界定，埃呂爾或孟福都不會感到意外。我們無法確定目前究竟是哪一種狀況，但我們很清楚莫莉的年代——一九九〇至二〇〇〇年——出生的個人，會用這種方式對民調專家或社會科學研究人員來描述自己。

的確，當世代定義需要重新調校的時候，我們可能正跨坐在歷史的斷層上舉棋不定。事實上，如果以科技來定義我們的時代，每一個世代可能為期甚短；的確，我們對世代的區隔，應該要以某項科技從崛起，到年輕族群——通常是最先接受的一群人——都能充分地、自然地、流暢地運用。

假使我們用這個標準來審視各種電子與數位科技、媒介的崛起和普及，會是這樣：

電報、電話：十九世紀末期～二十世紀初期

收音機、電影：一九二〇～一九四〇年代

無線電視網：一九五〇～一九六〇年代

有線電視：一九七〇年代迄今

個人電腦：一九八〇年代迄今

網際網路、電子郵件、全球資訊網：一九九〇年代迄今

數位消費（eBay、亞馬遜）：一九九〇年代中期迄今

●二十一世紀

第二代網路（Web 2.0）——部落格、維基百科、社群網站

多人線上遊戲與其他虛擬世界

簡訊與即時通

臉書、推特、Tumblr、Pinterest、Instagram

百花齊放的APP

簡單計算，甚至眼球一轉就知道，「科技世代」可能比過去任何以宗譜、政治、經濟、文化區隔的世代短得多。沒錯，雖然凱蒂只比莫莉大七歲，但是兩人的科技履歷卻非常不同。這些為期短暫的世代不見得與時間序、政治或文化因素必然相關，一個重大的科技變革，如網路，其影響可能橫掃數十年，而一個十年也可能包含好幾個科技世代。

我們甚至聽過一些年輕人對科技的認知，僅限於自己有知以來出現的資訊硬軟體。如果一項科技在他們小時候就存在了，那不過是成長背景的一部分。依照這種錯誤的解讀，工業技術的歷史可以分為兩個階段——「我記得它是什

麼時候問世的」相對於「所有過去的發明」。

另外一種可能是，我們得以幾個看似各自獨立的坐標來思考世代的劃分。有生物學上的世代，以出生和血緣來定義；有曆法上的世代，以十年（或四分之一個世紀）來定義；有政治、文化、社會上的世代，由傳統的重大事件來定義；有科技上的世代，以新興科技或既有科技的不同運用方式來認定。當我們細想並試圖概括世代的特徵時，我們必須牢記這些互相競爭的定義，以及它們彼此之間的張力與匯流。

在長篇大論的世代話題上，我們要加上最後一個思考。持不同觀點的學者與觀察家已經匯集了一種看法，就是在已開發國家中，近年來青春期的時間已經延長；以某些人偏好的用語來說，就是「前成人期」。[10]長期以來根深蒂固的生命週期，現在要重新計算劃分，原因包括受教育的階段延長、更加困難的就業市場、有限的家庭資源，以及社會安全網的縮減。因此當今社會比二十五年前，更常見到二十歲多歲的年輕人無論能否賺錢謀生，仍然住在父母家中。也不乏十歲、十七歲、二十五歲、四十歲、六十歲的家庭成員同住在一個屋簷下，儘管他們個別與科技的關係迥然不同。

如果我們的分析是切題的，我們對於世代議題有一個全新的觀點，引用麥克魯漢的見解，我們對世代的討論著重在這些媒介，以及它們所孕育或弱化，甚至消除的心智與行為習慣、自我顯像，以及與他人的關係。

要說過去十年左右的世代是「數位」世代或「網路」世代，是很容易，也很直截了當。但我們認為，那樣的說法太過偏重科技的本質。在提出「APP世代」這個稱呼時，我們尋求的是超乎科技、超越傳播媒介的範疇，直接進入使用者心理。依循埃呂爾的精神，我們希望能捕捉當今年輕人的認知、社會、情感，甚至道德層面的樣貌。生活在今日世界，手中握有許許多科技應用，面對日新月異的科技產品，或許你難免會得出以下推論：我們在想的、說的、做的與夢想的一切，以及與他人的關係，都被視為APP的運作，無論是思考下一分鐘、明天、或這輩子──就像是超級APP──要做些什麼。

當霍華德冷眼旁觀數位天堂來臨的同時，年輕三十多歲的凱蒂看得更為真切，而莫莉則是身在此山中，大眾傳播媒體橫行的年代，她固然了解得少，但對於現今的數位霸權，也只能說是懵懂無知。

凱蒂與莫莉的世界：歡迎來到二十一世紀

凱蒂的青少年時期大概是在一九八〇年代與一九九〇年代初期，正是個人電腦開始擴張與日益普及之際；有線電視興起，加上每週七天二十四小時連續播出的新聞與電視實境秀；付費電話與有線電話逐漸式微，行動電話取而代之；讓凱蒂印象最深刻的，是第一代全球資訊網的發明。

凱蒂成長於一個小島與財務拮据的家庭，在這些潮流的追隨上，顯然落後許多美國的同儕。三大電視網掌控了她的童年與大部分的青春期，就像克隆凱之於霍華德與他的同輩一樣，CBS的拉瑟讓凱蒂得知挑戰者號失事墜毀、柏林圍牆倒塌、天安門前的學生示威，以及愛滋病在美國蔓延的警訊。

當一九九一年第一次波斯灣戰爭爆發（與結束）時，情況開始有所改變。凱蒂的父親與繼母在家裡裝設了有線電視，每個週日與週三凱蒂回家探視時，他們三人全神貫注地觀看CNN即時轉播的沙漠風暴行動。

當雙子星大樓在十年後崩塌的那一刻，CNN仍然是全天候新聞報導最受倚賴的消息來源。莫莉在二〇〇一年時只有五歲，但是她對這個事件記憶猶新。雖然當時她在萬里以外的另一個國家，但是天天二十四小時連續播報的新聞（加上她母親新聞記者的背景與對新聞的愛好），讓她無法自外於這個悲劇的畫面、聲音和後續發展。

在新世紀開始的第一個十年，報導與追蹤後續新聞的方式一直在快速變化。二〇〇六年，學生利用 Myspace 組織了一個大規模的全國性抗議行動，反對擬議中的移民法案。同年稍後，處決海珊的畫面被手機拍了下來，數小時內處決影片就被貼到網際網路上。二〇〇八年的美國總統大選被稱為「臉書選舉」，候選人紛紛仿效迪恩（Howard Dean）於二〇〇四年成功運用社群媒體，為選戰提高知名度與籌措選舉經費。推特在開始運作的短短五年後，在二〇一一年的「阿拉伯之春」運動中，舉世皆知地成為異議人士與新聞記者使用的媒介。

數位媒體形塑了莫莉對百慕達之外的世界觀。與凱蒂的青少年時期相比，莫莉對於這個廣闊世界和事件的經驗，更加鮮明、即時，互動性更高。

就像許多同年齡的孩子一樣，莫莉利用數位裝置參與、追蹤流行文化，遠多於留意正在發生的政治事件。在她的童年歲月中，電視實境秀是她吸收大眾流行文化的主餐。雖然電視實境秀在二十一世紀才大行其道，但是這類節目最早可以追溯到一九九二年首次播出的《真實世界》，這個MTV頻道的招牌節目，讓一群二十幾歲的年輕人共處一室。由於沒裝有線電視，凱蒂年輕時從來沒看過這個節目，但最近她和莫莉在瀏覽電視頻道時，意外在Hulu頻道看到《真實世界》第一季的第一集（莫莉大半在Hulu這類線上影音網站收看電視節目）。她們對於參加節目的人如此客氣有禮感到吃驚，同時也對節目缺乏結構與情節鬆散深感意外。這個節目和現今同類型節目，與後續競相推出的實境秀形成鮮明對比。今天的節目必須像一齣高潮迭起的戲劇，包括到遙遠的荒島競賽，淘汰到剩下一個人存活；女孩子必須通過各種比拚，最後獲勝者才能嫁給男主角，或者成為美國下一個頂尖模特兒、時裝設計師、演奏家或廚師。

網際網路使莫莉與凱蒂能在二〇一二年用莫莉的筆記型電腦，觀看一九九二年的《真實世界》。對莫莉而言，這種事根本不值得一提，因為網際網路本身沒什麼稀奇。但是對凱蒂來說，這還是頗為神奇的事。畢竟一九九五年以前，她對網際網路仍一無所知，當時她是高三學生，她的英文老師帶全班到學校的圖書館進行「戶外教學」，向他們介紹全球資訊網。這位老師帶著炫耀的心情，開啟了網景瀏覽器 Navigator，然後輸入一個專門提供莎士比亞十四行詩的網址。另一位共同教授這門課，年紀大很多的老師看了一眼螢幕上小小的字體、不協調的顏色，以及跳出來的廣告，便草草結束，並且說：「這種東西絕對不會持久。」他說這些資訊書本裡都有，並堅持沒有人會選擇在螢幕而不在紙本上閱讀。他也質疑如何證實張貼在網路上的內容是可信的。

不用多說，他錯了。（與IBM執行長華生〔Thomas Watson〕一樣，華生曾經預言——一九四三年或一九五八年，說法不一致——全世界只需要五部大型電腦！）[11] 網際網路的使用人數從一九九五年僅僅一千六百萬人，至二〇一二年成長到超過二十億人。我們在網路上能做的事情，遠超過任何人在一九九五年所能想像。網際網路不再只是靜態提供內容的系統，而是高度靈動，而且可以互動參與。螢幕閱讀的問題大半已經解決了（歸功於 Kindle 與 Stanza 這兩家公司），可信度的議題仍然存在，不過，有了英國國家廣播公司與《紐約時報》之類的線上服務，有信譽的網站確實存在。

當凱蒂在學校接觸到全球資訊網的時候，她的母親已經懷孕八個月，第二個女兒在一九九六年一月出生，不曾了解網際網路以前的世界。凱蒂一直到大學一年級，才有了第一個電子郵件帳戶，再一年後才有第一部筆記型電腦，然後過了八年，才有第一支手機。莫莉則想不起來這些第一次究竟在何時，她就像那數十名直接或間接參與研究的年輕人一樣，她在自我認同、親密關係、想像力這三個主題舞台所上演的心路歷程，是半個世紀以前無法預見的。

到目前為止，我們提供了研究需要的背景。一開始，我們提出專有名詞，以便於檢視早期媒介與科技對行為和意識的貢獻。我們也回顧了傳統生物學上的「世代」意涵，並且從意識與科技的角度，與近期的諸多定義比較。接著，我們引述美國二十世紀前半葉主要的社會學與心理學研究報告，同時檢視霍華德、凱蒂、莫莉成長的不同時代，將一九五〇年代大眾傳播媒體世界，與近幾十年間日益強勢的數位紀元互相對照。

現在正是時候，讓我們直接審視年輕人生活中，受數位科技影響最深的三個層面——他們的自我認同、擁有親密關係的能力，以及想像力。稍後，在本書的結論中，我們將回過頭來反省APP意識對於現今生活其他層面的影響，更大膽推測，APP對未來世代的生活可能產生什麼影響。

Chapter 4

APP 世代的自我認同

多數青少年堅持自己線上與真實的自我沒有兩樣，我們應該當真嗎？還是應該更深入地質疑，挖掘實質上的差異？APP 是開拓，還是限制了自我的表達？

一個人的智慧型手機或平板電腦上顯示的APP群組，顯示興趣、習慣、社會關係的集合，就像某種形式的指紋，可以作為個人的識別。一個新聞APP可能夾在一個新奇的運動APP與一個鋼琴鍵盤APP之間，向外界揭露一個人的多重面向。由於許多APP都提供使用者與線上社群連結，隨時都能與志趣相投的人交流。雖然網路上這類表達自我的範圍還算寬廣，但也不是毫無限制，例如，推特每則訊息不能超過一百四十個字母，而數位化處理照片相當於Instagram的流通貨幣。APP的個人識別是多面向、高度個人化、對外的，並且受APP設計師編寫的程式所限制。

究竟在APP時代，年輕族群的識別與認同如何形成與傳達？他們跟以往的世代真的很不一樣，或者只是表面如此？我們採取許多方法探討這個問題，包括大量訪談資深教育工作者。我們發現，如同每個APP都有精心設計的圖示，年輕一代越來越重視身分識別的包裝。也就是說，經過刻意營造，傳達某種討喜的——是的，一定要是愉快、正面的——個人形象。刻意包裝有一個後遺症，讓人減少關注內在層面，包括內在生命、個人衝突與掙扎、安靜的省思及個人規畫。當年輕人開始成長，這種包裝容易阻礙他承擔任何形式的風險。樂觀一點看，對於不同身分的認同變廣了（當怪人沒關係，同性戀也沒什麼）。總而言之，生活在APP充斥的社會裡，可以彰顯更多個人特色，然而，也助長自我的過度包裝。

虛擬世界的我，真實的我

數位媒介科技提供年輕人過多的新工具和情境來表達與探索自我，從社群網站、即時通訊平台、影音分享網站，到部落格、影片上傳和所有的虛擬化世界。越來越多年輕人透過手機或平板電腦上的APP進入這些世界。APP介面成了他們選擇在線上表達自我的一個重要管道，有一些APP特別設計給使用者玩線上變身，莫莉最愛玩（至少在本書寫作期間）的一個APP是「My Monster Voice」，使用者可以把自己的嗓音變造成某種預先設定的怪獸吼聲。

在網路發明初期，學者就已經開始研究網路開啟身分探索的諸多可能。麻省理工學院學者特蔻於一九九五年出版《螢幕人生》一書，她在這本深具創見的著作中描述，線上虛擬空間就像一個身分識別的遊樂場，人們得以自由地套上與真實自我不同的各種身分，與現實世界沒什麼交集。[1] 忽然間，不費吹灰之力，一個人可以改變任何身體特徵，如性別、眼睛與頭髮顏色、身高體重，以及人格特質，如幽默、外向等。沒錯，只要你想要，可以變身成另一個完全不同的物種。

特蔻起先以九〇年代中期網際網路與虛擬空間的使用者為研究對象，包括線上聊天室和多人線上遊戲（當時稱為 MUDs）。網路在過去十五年變化相當大，社群媒體與微網誌，如臉書、推特、Pinterest 和 Tumblr（都推出了 APP 版本）使得早先的線上聊天室黯然失色，例如知名度遠遠不及的 Usenet。現在已開發國家中大多數人都上網，網站上的朋友與追隨者私下的真實身分不再容易隱藏。這些新網站利用更多的視覺效果來溝通，因為智慧型手機和高速網路，讓圖像與影音的拍攝、分享更為便利。

由於這些發展，人們在網路上更容易被辨識，線上和離線後的生活逐漸交織重疊，沒有分野。今天的青少年很少再去區隔線上的自我與離線的自我，就像我們一名參與研究的受訪者，十七歲的吉妮兒，她告訴凱蒂：「無論上線或離線，我都是同一個我，所以，你們在線上看到的我，就是真實世界的我；而你們現在看到的我，也是線上的我，我不是兩個不同的人。」

然而，年輕世代的網路與真實自我或許比較一致，卻不必然是一比一的完全對等。我們蒐集了相當的證據顯示，青少年刻意在網路上塑造一種討人喜歡、經過修飾的自我形象。[2]不同步與匿名（至少感覺匿名）的功能讓他們可以藉由某些訊息的凸顯、淡化、誇大或完全隱藏，達到策略性的自我呈現。莫莉與這類精心營造的線上人物打過交道，他們的臉書動態上總是沒完沒了的美麗照片，與朋友吃喝玩樂，新鮮刺激的假期和大小成就，反而令人感到疲倦與疏離，她說：「臉書上的人似乎比較重視看起來過得如何，而不是實際上過得如何。」

青少年在網路上喜歡展現自己光鮮亮麗的一面，我們有幾位研究對象也印證了同樣的觀察。珍妮是一名高三學生，她說：「我覺得（臉書上）每件事，好像都有那麼點……塗脂抹粉的感覺。這好比戴著玫瑰色鏡片看世界，因為一般人不會分享他們每次練習都遲到，所以被踢出足球隊；他們只會分享自己的球隊怎麼贏球，他們如何帶領球隊打贏比賽。」

要注意的是，在營造光鮮亮麗的虛擬形象時，珍妮和她的同儕並不會一五一十地放上生活的所有細節。我們訪談的青少年中，這種自動省略是十分尋常的，我們不斷從他們口中聽到，他們在線上的自我不如真實世界中完整。十五歲的亞當說：「（從臉書的個人資料中）你看不到我全部的人生故事。」有些青少年認為這種不夠完整的狀態，應歸咎於特定平台的限制，以及電腦化的溝通形式；然而更普遍的解釋是，青少年對隱私的考量。雖然有些青少年認為，他們保護隱私主要是針對不認識的人，但更多人實際防範的對象還包括認識的人，如朋友與家人。[3]珍妮解釋說：「臉書上有許多事，你並不希望告訴許多人；好比說，你並不想讓點頭之交知道個人私事。」

在網路上扮演眾多不同的角色，在十五或二十年前或許頗為流行，現今的年輕人卻不常這麼做。即使如此，網路仍有足夠的空間可供探索和實驗。來看看莫莉的網路活動歷程，臉書一度是她線上活動的核心，當她開始把觸角延伸到推特、Tumblr 與 Instagram 後，現在逗留在臉書上的時間已經變少了。有段時間，她嘗試在部落格上寫寄宿學校的生活點滴，不久前才加入推特和 Tumblr。莫莉在推特上追蹤喜劇演員和男明星，自己則推一些據她形容是「生活中無關痛癢的嘻笑怒罵」。至於 Tumblr，跟同齡的人一樣，莫莉多半用來瀏覽與轉貼她有興趣的流行文化相關文章。[4]這些多樣化的線上工具讓莫莉表達與探索不同面向的自己，透過這樣的探索，同時也思考將來想成為什麼樣的人。

莫莉的經歷與我們訪談的幾位青少年一樣，有幾位受訪者告訴我們，雖然他們本人個性溫和害羞，但是網路上展現的個性卻活潑外向得多。而且不意外的，多人線上遊戲仍受到許多青少年的喜愛。十七歲的布蘭登告訴我們他打「魔獸世界」的心得，他形容扮演法師時，「我必須揣摩角色，我想他應該是比較黑暗的角色，因為傳統上法師都是這樣的。」他表示：「在遊戲中表現不同的自己很有趣，這在現實生活中是做不到的。」

青少年自我認同的轉變

究竟這些表達自我的新工具和內容，如何影響年輕族群自我認同的發展？——如果確實有影響的話。多數青少年堅持自己線上與真實的自我沒有兩樣，我們應該當真嗎？還是應該更深入地質疑，挖掘實質上的差異？APP是開拓，還是限制了自我的表達？為了探究這些問題，我們檢視過去二十年來，青少年自我認同的部分層面經歷了哪些變化，而每個改變中，這些新媒介又扮演什麼樣的角色。我們一直謹記艾瑞克森最早提出的「健康的自我認同」——一個多層面而統合的自我概念，能讓自己感到滿意，同時受到周遭群體的認可與支持。5

APP化的自我認同

參加我們焦點團體的成員認為，現今的APP世代相較於數位時代之前的青少年，更加外在導向。對資源豐富的青少年而言，他們的注意力大多放在如何展現精心包裝過的形象，才能獲得大學入學委員與未來雇主的認可，他們似乎越來越努力讓自己成為可以量化的物件，包括升大學考試SAT的分數、學期平均成績、學校代表隊證書、獎杯、社區服務證明或其他獎項。有位宗教領袖與他的焦點團體成員都有共同的感慨，他表示，對許多年輕人來說，「我是誰」意味著「我以後要做什麼」。

伴隨以上意識而來的，是精算如何極大化個人價值，以獲取學業與事業上的成功。焦點團體中一位參與者表示，當青少年被問到未來的願望，相較過去世代，他們更常給一個在目前或不久的將來實際且可達成的答案，例如「一份好工作」或「好的情感或關係」。在我們與心理治療師的對話中，其中一位表示，現今許多年輕人罹患「計畫妄想症」，一種（錯誤的）幻覺，認為只要仔細並務實地擬定計畫，便可暢通無阻，邁向未來的成功道路。

我們在哈佛大學的新生反思座談會印證了上述的觀察，許多學生上大學時，已經規畫好一生的藍圖——一個超級APP。「我會主修公共行政，加入政治協會，暑假到華府實習，然後參與『為美國而教』計畫，到落後地區教書兩年，二十八歲時回鄉參選州參議員。」如果想進入高盛或麥肯錫公司、建築師事務所，或者當神經外科醫生，生涯規畫也是大同小異。套用艾瑞克森的說法，這些學生的自我認同過於早熟，他們沒給自己探索其他可能性的空間。這樣的心態不僅經不起現實考驗（你可能被當掉有機化學，也可能搞砸Google的面談），更重要的是，其他仍在探索自我的學生，會感覺自己是失敗的，這是他們來參加座談會的原因。

步步為營，邁向成功坦途的趨勢，在其他學者的報告中也看得到。他們的研究指出，年輕世代越來越關注就業，注重實際，也越來越議題導向，意識形態反而比以前淡薄。[6]今天的年輕世代將教育視為「文憑」，為了找份好工作，必須修完課拿到學位。[7]他們重視「日常生活規畫管理」，勝於發展一個長期目標。比較一下，一九六七年有八六％的大學新鮮人認為，「追尋有意義的人生哲學」是「非常重要或不可缺少的」；到了二〇一二年，這個比例只有四六％。[8]

個人主義的變化

造成今天大學生功利與求職傾向的背景，是社會趨勢更加朝個人主義傾斜，日漸遠離群體意識與機構的指導。政治學教授普南（Robert Putnam）在他的代表著作《獨自打保齡球》中指出，二次大戰後出生的美國群眾，對各式民間組織，如保齡球聯盟、工會和教會的參與已逐漸下降。[9]當群體間的連繫開始鬆弛，「道德自由」便取而代之，個人得以自行劃定美德的界限和標準，不需要再犧牲個人的需求和欲望。[10]

有一項研究剖析一九六七年至二〇〇七年間播出的電視節目，發現美國文化中的個人主義日漸高漲。[11]他們檢視這些節目所呈現的價值觀，其中名氣和個人價值在近期節目中被更醒目地宣揚，包括迪士尼頻道的《孟漢娜》劇集，以及選秀節目《美國偶像》。相反的，早年的節目如《安迪．格里菲斯秀》及《我愛露西》則較常強調群體價值，諸如博愛、傳統與社區情感。研究人員也發現，與較年長者相較之下，年輕族群對電視節目的個人價值較有共鳴。

二十一世紀的個人主義形式，與二十世紀中期理斯曼與同事提出的「內在導向」有很大差別，確實，在意他人的看法或立場，表面上看起來比較像「他人導向」的產物，但實際上仍有明顯的不同。一九五〇年代「他人導向」的依據，主要來自隔壁鄰居或大眾傳播媒體的刻畫，現在則比較可能來自近期最受歡迎的社交APP、各種網路資料或以上元素的綜合。

個人主義與重視自我經常並肩而來，一些證據顯示，今天的青少年比過去的世代更加自我中心。心理學家經常以「自戀人格量表」來評量一個人自戀，或者說自我膨脹的程度，測驗問題包括「如果由我來統治世界會更好」和「我愛怎麼過日子都可以」。一九八〇年代初期有一項研究結果顯示，參加測驗的大學生只有一九%得分超過二十一分（這算高分）。[12]到了二〇〇〇年中晚期，整整三〇%的受試學生超過二十一分。針對高三學生的調查也有相同趨勢。[13]相較於一九七〇年代，二〇〇六年調查的高三學生顯得對自己較為滿意，在自戀評量上的得分也較高。

年輕人之間投入志願服務與社會公益事業的熱潮，與這些統計數字似乎不太搭調。青少年參與社區服務的比重在這數十年來顯著升高。[14]雖然我們以非常正面的態度看待這股趨勢，但仍不免注意到，對許多年輕孩子來說，他們的動機可能來自美化履歷表，而不是回饋社會。從這個觀點來看，這股青少年志工熱或許是包裝自我的一項產物，就如同超級APP人生中一定要打勾的小方塊。

媒體與自我包裝——比較數位化前後

要理解年輕人自我中心的現象為什麼日益升高，必須把一些非關數位化的社會趨勢放入考量，例如進入大學和找到好（或任何）工作越來越競爭，這樣的趨勢促使年輕人展現出最好的一面，才能在看起來（不見得完全正確）「贏者全拿」的社會中競爭。同時，新的媒體科技對包裝自我的效應顯而易見，回顧我們先前討論青少年在網路上呈現精心打扮的形象，數位媒介讓他們有時間和工具塑造魅力十足的個人形象，吸引觀眾追隨和回應。

臉書與其他社群網站的版面，環繞著用戶的個人特質來凸顯自我形象。臉書個人頁構成的標準元素包括朋友名單、個人照片、個人品味喜好與活動動態，用來包裝自己，供眾人消費。形象的展演也是 YouTube 的重頭戲，使用者可以成為自己影音頻道的明星。其中有些人，包括眾多青少女恨不得能嫁給他的青春偶像小賈斯汀，藉由上傳自拍自製的影音名利雙收，讓人誤以為任何人只要有相機和網路，就能一樣名揚四海。類似 YouTube 的新媒體科技帶來的成名話題，與電視節目裡日漸高漲的個人主義並轡而行。[15] 事實如此，研究人員指出，許多節目以各種媒體平台與形式吸引青少年，讓他們相信自己也可以成為明星，像他們最喜歡的電視人物一樣。或許艾瑞克森的第五種人生危機「認同的形成」，應該有人加上一個新的類別——「不切實際的自我認同」。

教育人員特別關注電視實境秀對低收入家庭的青少年造成什麼影響。一名教師觀察到，越來越多年輕人從MTV頻道尋找角色典範，而不再是家人或鄰居。這些電視演藝人員展示著一種光彩絢爛、自我中心的風格，自己開心最重要，其他事情都無所謂。一些參與研究的人也附和老師們的觀察，指出這類文化影響的實例：「我們有許多學生，即便有其他的志趣，但假使能選擇，他們寧願進入娛樂圈或當運動員。」有些研究也印證，許多青少年寧可擔任名人的私人助理，也沒興趣當高階主管、作家或研究人員。[16]渴望認識社會名流，這在人緣不佳或自尊心低的孩子中更為普遍。

自我包裝風氣的盛行，APP居功厥偉。個人主義和自我中心在廣大的APP市場中舉目可見，它們讓青少年有無窮的機會依照（至少看起來是）自己的興趣、習慣和社會網絡，組合而成獨一無二的數位體驗。就像沒有兩片雪花是一模一樣的，這個說法也同樣適用於個人手機上成排的APP圖示。這些APP的辨識圖案本身也值得注意，有人主張這些圖示不只用來辨認，更代表一個特定的品牌，以及它所蘊含的風格、價值觀與品質保證。換句話說，APP的魅力部分來自外觀，而不是內部的功能。

包裝自己，對外展示，這也涉及一種表演。二〇一二年有個大受青少年歡迎的APP，清楚描繪出數位時代的自我展演特性。Snapchat讓使用者用手機（或其他行動裝置）拍照與錄影，加上文字或繪圖，然後傳送給另一個用戶，一段時間後（最多十秒），影像就「噗！」的神奇消失。經過莫莉甜言蜜語不斷哄騙，凱蒂終於在二〇一二年下載了Snapchat，立即吸引凱蒂目光的是莫莉送給她的每一則訊息所需要的表演技巧。一則Snapchat的訊息通常包括莫莉扮鬼臉的自拍照，搭配一個搞怪念頭或有趣的注解。凱蒂得出結論，Snapchat上的訊息交換不像簡訊是屬於兩人之間的對話，比較像供單一觀眾觀賞的一系列小型演出。

被量化的自我

除了精心修飾、包裝與演出的特性，外在的自我形象也可以被評估與量化——這在今天市場導向的大數據社會裡越來越不可或缺。一些網站如Klout與PeerIndex開發出「影響力分數」，根據使用者在社群網站或微信上的追蹤者或朋友人數來評分（影響力得分很高的人，甚至可以獲得該公司許多獎賞或折扣）。其他類似的追蹤紀錄工具包括 Moodscope，可以測量、分享與記錄個人的心情變化；80 Bites 可以監測你每天吃了幾口食物；Daily Deeds 可以記錄好習慣。Timehop 和 Rewind.me 的功能就像記憶代理人，幫你整理社群媒體資料庫，告訴你過去幾年「推」或「貼」了哪些東西。

在一個名為「量化自己」（Quantified Self，簡稱ＱＳ）的網站上，可以找到至少五百個這類型的工具，世界各地湧現越來越多人使用與設計自我追蹤工具。他們不僅在線上交流想法，熱中此道者還每年召開ＱＳ年會，在世界各地舉辦定期聚會。

有位心理學家對年輕族群習於上網自我投射與追蹤記錄感到憂心，她覺得會壓縮他們用來深思或建構自我的時間，她擔心他們的內在自我覺察（用理斯曼的話——內在導向）正在弱化，說不定所剩無幾。

關於沒有時間安靜思考的感嘆，已經是學界和新聞界共同關切的主題。研究人員列舉不少當大腦獲得休息（相對的說法）並關注內在的好處。[17]「靜止」的時間扮演某種修復角色，可提升正向感受，最後幫助個人在需要時，更有效地發揮專注力。作白日夢、無所事事、困惑迷惘也有正面意義，對於正在積極探索自我和未來的年輕人，內省這件事可能特別重要。缺乏時間和空間尋找存在於世界的各種可能性——打破APP模式設定的人生道路——年輕世代正冒著過早停止探索自我的風險，也阻礙了未來建立與充分實現自我的機會。[18]

科技本應釋放一些零碎的思考時間，但矛盾的是，結果似乎相反。[19]我們偶爾能靜思的片刻，無論是在診所的候診時間、搭火車上班或遛狗的空檔，現在都改成在數位裝置上聽音樂、發簡訊或玩線上遊戲，更常發生的狀況是，同時做這些事情。看到任何事就趕緊發到推特上，或是一邊跟人談話，一邊發電子郵件，特別是年輕族群，特別喜歡同時在許多簡訊和即時通之間跳來跳去地聊天。在概括描述APP的作用時，我們著重實然（做到的），而非應然（應該有的）。我們訪談的一位心理學家認為，年輕人過度頻繁進行虛擬接觸，沒有讓自己有時間和空間，弄清楚自身的想法和需求，因此容易缺乏對自身的了解，而感到不安。

網路與自戀情結

有些參與研究者回應了數位精英和主流媒體評論者的熱門話題，他們挑明地質疑年輕人沉迷數位生活，是自戀的成因。凱蒂記得當莫莉加入臉書時，她也有過相同的懷疑。莫莉用手機或蘋果電腦上的 Photo Booth 拍個不停，擺出各種自拍姿勢，然後上傳到臉書。我們訪談的一位教師表示：「臉書和簡訊是一種不斷的認可，只要一有人在手機上呼叫你，就代表有人正在注意你。臉書則是『噢！我貼的那張蠢照片有五十個人按讚，我想大家都在注意我』。我覺得這真是十分自戀，我不是說以前（網路出現前）的孩子比較不自戀，但現在有更多方式來獲取外界的關注。」

網路對自我關注的影響也成為社會學家感興趣的議題，他們觀察到自戀情結與網路行為確實有正相關。[20]舉例而言，有項研究發現，自戀指數高的人較有可能在臉書上張貼「炫耀文」，以及從事大量社交活動。[21]另一項研究則顯示，自戀指數高的大學生在推特上較多關於自己的推文。[22]但研究的作者提醒，年輕族群的線上行為在旁觀者看來或許顯得自戀，但別忘了，他們上網的初衷，很可能不是為了推銷自己，而是維持與呵護他們的社會網絡。（我們將在下一章節探討青少年網路生活的社會面向。）值得注意的是，人們的日常談話約有三到四成是談論自己，而在社交媒介上的動態則約有八成與自己有關。[23]另一個重要的事實是，究竟是使用網路導致自戀，還是自戀者以引人矚目的方式使用網路？我們還無法確定兩者間的因果關係。

什麼使他們變成「無所謂世代」？

談到自戀的人對自己的關注，一般人會以為他們必然是充滿自信，並且對周遭人事物無動於衷，事實上並非如此。如同特蔻在《一起孤獨》一書中解釋，根據心理分析的傳統定義，自戀一詞並非形容一個人很愛自己，而是個性脆弱，因此需要不斷被肯定。[24]有別於過分自信，自戀的人比較需要外在的認同，以支撐脆弱的自我。

特溫吉（Jean Twenge）的研究證實這一點，她發現，伴隨青少年自戀程度的升高，憂鬱、躁動、憂愁、悲傷，以及孤獨感也增加了。與理斯曼的內在導向人格全然不同，現今年輕人較可能感覺他們的人生受到外在社會力的控制，遠大於自身內在的驅動力。加州大學洛杉磯分校的研究人員針對大一新生的調查，呼應特溫吉的研究，他們表示，高中最後一年感覺「事情多到做不完」的比例，從一九八五年的一八%，到二〇一二年提高到三〇%。[25]

一些參與研究的人指出，青少年外在的光鮮亮麗與內在的不安全感，兩者顯然頗不協調。我們訪談的夏令營營長告訴我們，現今參加夏令營的孩子說的比做的多，講起話來很有自信，但比較不願意用行動證明自己的能力。他們將這種改變歸諸於青少年越來越不喜歡承受可能導致失敗的具體風險。如果在過去，就算失敗被同儕看到，也很快就會忘記；但到了今天，可能就此留下永恆的數位印記。

這種日漸升高的焦慮和不願冒險，在其他焦點團體中也看得見。一位心理治療師表示，青少年不願冒險的原因是，害怕一旦事情發展不如預期，會焦慮沮喪。許多受訪者也同意，青少年的自我認同欠缺安全感與平衡，宗教領袖指出，現今的年輕人比起從前普遍對未來感到恐懼。一名受訪者說：「即使是信心最充足的哈佛大學畢業生也怕得要命。」心理治療專家們認為，許多年輕人面對這種恐懼的方式，是裝出一副無所謂的態度，沒有目標，也沒什麼感覺。家有青少年的家長們都耳熟能詳的名詞，借用一名受訪者的形容，他們是「無所謂世代」。

這種「沒有感覺」的焦慮與渴望，或許可以解釋近幾年大學生飲酒，包括飲酒作樂和酒後駕車的情況急遽增加。[26] 優秀大學的學生從星期四到星期日都醉醺醺，絕對不是正常的事。或許也是類似的情況，在低收入社區工作的老師觀察到，青少年對於社區內日益增長的暴力，以及工作與晉升機會急遽減少，感到越來越絕望。一名老師指出：「以前的孩子打架，可能會打斷鼻子。今天不一樣的是，現在的孩子可能會掏出槍來，最後雙方都喪命。」其他受訪者則表示，在這種暴力的氛圍下，有些青少年反而會鋌而走險，他們認為反正此生無望，也沒什麼可以損失的。

非關數位的焦慮來源

有一項研究以大量的資料追蹤現今年輕人的生活方式，映照出同樣的焦慮。《紐約時報》二〇一二年一個專欄指出，今天的年輕人與一九八〇年代同齡者相較，比較不想搬到別州居住。[27]想住在家裡的年輕人，二〇〇八年的人數大約是一九八〇年的兩倍。[28]現今的年輕一代似乎連開車出門都不願意。一九八〇年代早期，年滿十八歲擁有駕照者高達八成；到了二〇一〇年，這個比重降到不到三分之二（六一％）。[29]

這樣的趨勢暗示，年輕人焦慮感的來源顯然有一大部分是非數位因素。有部分參與研究的人員認為，現今年輕人面臨的經濟情勢日益險惡，才是主因。的確，研究人員發現，成長於經濟衰退時期的年輕人比較不想離開家庭，不願做風險性投資或創業。困在這種環境下的年輕人也傾向認為運氣比個人努力更能帶來成功。[30]

參與研究人員還指出，標準化測驗與教育績效日漸受重視，是造成年輕人被動與不願冒險的重要原因之一。美國聯邦教育法案包括「不放棄任何孩子」和「邁向巔峰」，政府教育經費與學生考試分數掛鉤，學校辦學必須圍繞著提高學生考試成績打轉。（教育測驗產業對於APP化的排名、成績計算與套裝課程無動於衷，我們覺得這種風氣是惡性循環，是行為派大勝建構派。）這樣的環境打壓冒險精神，因為在全部都是選擇題的測驗中，填入正確答案是最重要的。當學生考試成績不佳，不但進入大學的機會減少，也可能害老師丟掉工作，甚至讓學校關門。

我們的焦點團體認為父母也脫離不了責任。他們觀察到，現今的家長過於熱切地希望保護孩子遠離任何不快樂或痛苦的經歷。受訪的心理治療師指出，過於強調幸福快樂，似乎讓年輕人無法處理生活中複雜的情緒。一位心理醫生這麼說：他並非擁護痛苦悲傷，而是主張要有忍受不快樂的能力。[31]

在收入較低的家庭中，為了保護孩子，父母通常會努力不讓孩子太辛苦。一名教師指出，在一次暴風雪後，她在課堂上問，在家有幫忙剷除車道和走道積雪的學生請舉手，結果沒有人舉手。學生們表示，爸媽在剷雪時，他們都待在屋裡。比較富有的家庭（剷雪通常外包給當地業者）保護孩子的方式，多半是父母鉅細靡遺地包攬孩子的人生，避免他們犯錯和失敗。受訪者擔憂，父母這些善意的做法，反而不智地形成孩子被動的態度，阻礙他們自主性發展，以及在合理範圍內大膽冒險。

螢幕後的真相

經濟、教育與教養方式的改變，無疑都是年輕人不愛冒險的重要成因，然而，數位媒體環境在其間所扮演的角色仍然值得探究。不僅是美國，沒錯，多達十五個國家的研究人員都發現，年輕人上網的比例與擁有駕照的比例，正好成反比。[32]就像自戀與網路使用相關性的研究，沒有辦法分辨究竟何者是因，何者是果，但我們察覺，如果你花費許多時間流連臉書，開車上路的時間，或者說需求，就會比較少。

臉書有可能使年輕人不去從事家門外的冒險活動，那麼在線上冒險如何？由於大批的兒童開始使用網路，人們已密切關注網路暗藏的風險。雖說年輕孩子被真實世界認識的人傷害的可能性，遠大於網路上的陌生人，[33]但是在許多成年人看來，年輕人在網路上與陌生人分享個人資訊與互動，仍是高風險的行為。

年輕人在網路上的行為，可能比一般成年人想的謹慎許多。不少實驗證據顯示，年輕人對於線上隱私的風險十分警覺，也十分在意。二〇一〇年一項針對十三到十七歲的美國青少年調查顯示，八八%的青少年表示擔心在網路上張貼連絡資料的影響。[34]我們訪談國中生也發現，基於隱私的考量，他們會利用社群網站上的隱私設定，略過住家地址和電話號碼等個人資料。[35]事實上，也有其他研究者發現，年輕族群為保護社群網站上的隱私權所採取的行動不只如此，他們的做法也比年紀較大的成人來得積極。[36]

這裡有個有趣的矛盾現象。隱私設定讓年輕人有個錯誤印象，以為如此便可以在為成年人粉飾的形象後頭，安全地洩露一些真實面貌。比方說，證據顯示，網路揭露了年輕族群縱情飲酒的一面。一項研究顯示，調查的大學生中，有一半以上臉書照片使用跟酒有關的圖片，整體研究也指出，許多大學生喜歡在臉書上透露他們對飲酒的喜好。[37]

Snapchat——會自動銷毀傳送的照片的APP——是另一個例子，顯示年輕人與同儕網路互動時，有一種錯誤的安全感。聽說已經有不少案例，與青少年用Snapchat傳送自己的暴露照片和影音短片有關。[38]即使如凱蒂與霍華德這類稱不上科技怪才的人也立刻會想到，收到的人可能會用另一種設備，如相機、手機或平板電腦翻拍Snapchat上的影像，被永久保留的機會遠大於傳送者原本的意圖。事實上，已經有不少人這麼做。二〇一三年初，紐澤西州兩名少女用Snapchat傳了自己的裸照給一名男同學，結果對方立即用螢幕照相功能拍下照片，張貼到照片分享網站Instagram上。[39]

Snapchat與暴露簡訊、APP與使用心態，多方面地支持並強化年輕人逃避冒險的傾向。許多APP致力於除去這類每天必然會遭遇的風險。訊息類APP弭平了人際溝通的風險，化解與人面對面衝突的不適感；資訊類APP避免提供錯誤答案的風險；導航類APP則消除在陌生的地方迷路的風險。凱蒂與霍華德忽然想到，莫莉從來沒有迷路的經驗。我們每個人都記得，年輕時候曾多次不知道自己身處何處，也無法馬上找到父母引導我們回到熟悉的地方，雖然感覺很恐怖，卻在腦海裡留下鮮明的印象。因為這些經驗考驗我們的韌性，並給了我們一種自主感。莫莉無法體會這種感覺，有了地圖APP，也隨時可以打手機給父母，莫莉總是很清楚自己在哪裡，怎麼到下一個目的地……除非她弄丟了自己的手機。

我們再回到剛才參與者提過的，現今的家長越來越想保護子女免於壓力和失敗。想要知道科技如何助長這樣的現象，簡直太容易了。參與研究者說，現在的大學生一天打許多通電話或傳多次簡訊給父母，是相當尋常的。有人觀察到，大學生再也不獨立了，有爸媽幫忙盯成績，或許還包括銀行透支額度……我猜這就是所謂的「直升機父母」。

我們在開頭便提過，受訪的夏令營營長也表達過同樣的憂慮。傳統上，孩童參加夏令營，離開家一段較長的時間，被視為邁向獨立自主的第一步，然而現在這一步比較難跨出去。在媒介氾濫的時代，父母與孩子即使分離也仍然保持連繫。營長告訴我們，父母把孩子送到夏令營時，通常會給他們兩支手機，為遵守夏令營不得攜帶電子用品的規定，一支交出去，一支留在身邊用來偷偷傳簡訊或打電話回家。這個案例告訴我們，科技只不過是頻繁連繫的推手，而不是始作俑者。

其他研究者也同樣發現到，科技對於青少年與父母維持高度連繫的協助者角色。[40]針對在學與剛畢業的大學生和他們的父母，已經有許多研究結果顯示，學生與家長間平均每週連絡十三．四次。[41]家長藉此提供課業方向，以及像好朋友一樣（通常是母親）分享孩子日常點滴和隨時隨地的心情感受。霍華德無法想像五十年前能有類似的場景。

特蔻認為，現今年輕人頻繁透過數位裝置與人連繫，會削弱他們發展自主性的能力，形同一種「束縛」。這些科技鼓勵年輕人對外尋求肯定，無論是在實際生活或精神哲學層面。的確，如果沒有得到他人的認同，他們的思想和感受似乎無法成立。有研究證實以上的懷疑，經常用數位裝置與父母連絡的大學生，獨立自主性較差。[42]有些學者引用「精神耗弱」的概念來解釋年輕人沉迷網路，可能使他們的自我認知低落，甚至放棄自我。[43]

網路讓一切變可能

參與研究的人員觀察到一個好現象，他們發現現今的年輕人有更多的自由，去接納和擁抱過去常不被了解或遭鄙視的身分屬性。他們更能包容和自己不同的人，比較不會排擠不符合社會常規的同儕——怪傑或怪胎；同時也更能接納非異性戀同儕。種族衝突，雖說在某些場域仍然存在，但已經大幅減少。有位老師表示，在她的學校，選擇不同族裔當畢業舞會的舞伴已經不足為奇，而她剛開始教書的年代，跨族裔間的約會不但聞所未聞，她還被學校要求根據不同族裔來點名。這些觀察呼應列文與迪恩（Diane Dean）在美國多所大學的研究，他們發現今天的學生對於種族、族裔與多元性別角色展現更大的包容。同樣的，加州大學洛杉磯分校的研究也發現，二〇一二年有七五%受訪的大一新生支持同性婚姻，比一九七七年第一次調查的五五%顯著增加。44

我們訪談的宗教領袖指出，年輕人對於身分認知日趨寬容，已明顯影響他們的靈性生活。毫無疑問，他們較不願意加入特定宗教團體，特別是從小生長的社區教會。相反的，他們關切的外在對象相當廣泛。一位猶太牧師說：「年輕人……覺得他們對這個城市、世界、南美洲都有責任。」我們也討論到，在全球互相連結的今日世界，協調眾多身分相當困難，「他們不覺得猶太人和他們有什麼關係……他們知道這裡有猶太社區嗎？」年輕人參與家族傳統聚會，然而他們對宗教的了解十分有限，甚至可能沒有特定信仰。一位基督教會牧師指出，他所接觸的年輕基督徒對於「自己在宇宙間的位置」一無所知（雖然他補充說，這些年輕人對於自己的無知感到很不好意思）。

其他研究也發現類似的模式，學生十分關注國際大事，也很有興趣，但多半缺少對全球議題的了解，文化相關知識也不足。二〇〇〇年中期有一項研究顯示，很高比例的年輕人甚至不認得當代知名公眾人物的名字，例如美國財政部長鮑爾森、中國領導人胡錦濤；但他們對娛樂圈名人，如麥莉・希拉和搖滾女歌手 Pink 就熟悉多了。[45] 這篇研究的作者的說法是，現今年輕人「話題很國際，行動很本土」。到其他國家旅行時，與其使用當地語言，不如直接打開翻譯 APP 要輕鬆容易得多。

宗教領袖們認為，年輕人對於不同看法、經驗與做法的好奇，和深入理解所需要的「專心而持續的關注」，兩者之間是有差別的。確實如此，一位教師認為，學生間不同族群雖然較從前更加和諧，但不是全無代價，「就某些方面而言，今天的孩子有更多不同背景的朋友，這是好事。他們更寬容、更有同理心。但我不知道他們是否同樣了解，種族歧視依舊存在，而且與貧富差距有密切的關連。」顯然，更能接納不同文化、生活方式與觀點，不等同於對其源頭與差異的意涵有更多的了解。我們後續談到今日年輕人親密關係的本質時，會進一步探討這種了解的欠缺與意義。

暴露於數位環境的後遺症

如今我們可以超越時空限制，接觸不同的人事時地物，科技對地球村的形成居功厥偉。APP形同這個地球村的入口，不論你喜歡讀、聽或看，新聞APP可以呈現給你世界各個角落最新發生的事件，社群網站與微網誌APP可以同時提供你當地民眾的看法。這裡的關鍵字是「可以」——拓展視野的機會，不一定會化為具體行動。想想看，當這段文字寫下來的時候，iTunes上最多人下載的APP，十個有七個是遊戲。此外，許多研究早已證實，人們較常造訪可以強化，而非挑戰自身想法的網站。[46]

低收入青少年的老師觀察到，數位媒體如何改變了學生對外在世界的認知與關係。這項改變就許多方面來說是正面的，科技拓寬了學生的視野，不再受限於本身所處的環境。然而，暴露於數位環境也有後遺症，有一名老師表示，由於網路和其他媒體，「現在孩子們知道他們很窮，因為他們經常看到不屬於他們的優渥生活。」這種狀況會讓絕望的感覺更強烈，雖然也可能激發一些年輕人有為者亦若是的抱負。

許多人──包括年輕人──對於網路能拓展我們的視野、豐富我們的生活，仍然保持樂觀的態度。薛基在其著作《鄉民都來了》中指出，「五〇年代和六〇年代的保齡球隊、各式組織和扶輪社等並沒有消失；取而代之的是為數更多，代表不同嗜好的線上社群。」[47]就算是再冷僻的喜好，在網路上也能獲得共鳴，不管遠在天涯或近在咫尺。[48]對年輕族群而言，找到數位知己，表示他們無論是追星族、電玩高手、西洋棋士或編織愛好者，都不必再為了融入狹窄的同儕文化，把自己的興趣擺在一邊。[49]

在我們針對青少年部落客的研究中，受訪的女孩們認為能在網路上展現自己非主流的一面是很重要的。大學新鮮人莎曼珊用 LiveJournal（擁有強大粉絲文化的線上寫作社群平台）參與哈利波特系列與她最喜歡的電視影集《辦公室風雲》和《E世代外星戀》相關的粉絲社群。她指出：「和現實生活相較，我在 LiveJournal 是更為狂熱的粉絲……我不必自我審查。並不是在實際生活中真的會自我審查，有點像是知道一般人沒那麼感興趣，所以在嚇到別人前自己先冷卻一下。」至少，對有能力、也願意表達個人喜好的人來說，APP是助力，而非阻力。

總結

ＡＰＰ讓我們看到年輕世代在自我認同方面的變化——外在導向越來越明顯、自我包裝、焦慮感、憎惡風險，以及對多元身分認同的接納，每一項都是時代的產物。作為通往世界的入口，ＡＰＰ拓展了年輕人的視野，得以接觸周遭環境以外的經驗和人物。

年輕人是否充分利用這些機會，目前還沒有定論。就如同手機上的精緻圖示，ＡＰＰ反映出年輕人對外貌與個人主義的重視。此外，ＡＰＰ也扮演安全網的功能，消除過去認為無可避免的日常風險，例如針對敏感話題與人正面交鋒，或在不熟悉的地方問路。今日年輕世代的自我認同與ＡＰＰ的關連，建構了我們的中心論點。新的媒介科技開啟了自我表達的新機會，但過於耽溺於科技的某些特性——缺少時間、機會或動力來探索人生與真實世界，終將導致自我認知的貧乏。

Chapter 5

APP 世代的親密關係

手機、平板電腦配備著因應各種情況的 APP，可以超越任何空間與時間的障礙。今天的年輕人能說什麼、在哪裡說，以及對誰說，都有了大幅變化。

「伸出手來，連結他人。」一九八〇年代初期，美國電報電話公司用這句廣告詞告表達電話無遠弗屆的連結力量（當時是為了推銷長途電話服務，在 Skype 與其他網路語音通話服務的時代，這項業務推廣已經越來越困難了）。藉由一連串工具、形式和平台與他人連繫，APP 已經改變了「伸出手來，連結他人」的定義。不論是與朋友透過 Snapchat 或 WhatsApp Messenger 交換私人笑話，或是在臉書或 Tumblr 上與八百個朋友分享一個難忘的經驗，與他人連結這件事，從來不曾如此容易或頻繁。而這些發展對人際關係的品質究竟是好是壞，將是本章談論的焦點。

新媒體科技帶來前所未有的連結力量，對我們與他人長期以來深厚穩固的關係，究竟產生哪些影響？我們的調查顯示，這樣的改變當然有其價值——協助我們與不同地區的朋友、家人保持連繫；提供機會讓志趣相投的年輕人找到彼此與互動；同時讓一些年輕人比較容易將他們的感覺告訴別人。[1] 然而，非面對面溝通也有負面效應，如果我們總是保持距離，同一時間，只與自己同聲息的人打交道，強化自己原有的觀點，後果可想而知。到最後我們會發現，我們在 APP 時代的人際關係品質，端視我們使用 APP 以閃避人際間的不愉快，還是用來冒點風險，經營長久有意義的互動。

與科技對話

現今年輕人的溝通方式，與數位時代之前的人迥然不同。與網路相連的手機、平板電腦、筆記型電腦，配備著因應各種情況的APP，可以超越任何空間與時間的障礙。今天的年輕人能說什麼、在哪裡說，以及對誰說，都有了大幅變化。或許最值得注意的是，頻繁與立即的溝通因行動科技的發明而成真。

二〇一三年，皮優研究中心（Pew Research Center）的報告指出，美國七八%的青少年擁有手機。[2]這項統計顯示，每五個美國青少年便有將近四人用文字訊息（或推特、Snapchat）與家人、朋友連絡。關於青少年簡訊使用行為的資料顯示，青少年充分運用簡訊，隨時隨地進行人際溝通。六五%的青少年說，他們每天發簡訊給認識的人，一般來說，每天大約發出六則訊息（年紀大一些的女孩，這個數字可跳升到一百則）。[3]而且現在塞滿APP的智慧型手機非常普及，青少年隨時可在手機上做的事，範圍已遠超過打電話和發簡訊。

這些青少年都用APP說些什麼，以及對哪些人說呢？調查結果顯示，青少年透過電子通訊工具發出的訊息，大部分的作用是臨時安排（或取消）與朋友的會面。在我們的一項研究中，我們詢問青少年如果沒有手機，他們會錯過什麼。[4]十六歲的賈斯汀回答道：「就是可以隨時安排一些事情，因為我和朋友不會真的計畫做什麼，我們只是想到就出門。」APP的精神支持這種信念，當所有的資訊、商品與服務都隨手可得，「人」也不例外。

行動通訊領域的學者已經將這種「當下計畫」的現象，取了一個專有名詞——「微型協調」（microcoordination），並且觀察到這種手機帶來的「臨時約，隨時喬」的習慣，有可能演變成「過度協調」（hypercoordination）——青少年過度依賴行動裝置維持人際關係，一旦一段時間無法使用，就會感到與社交圈脫節。[5]

並不是所有的線上通訊都有實際目的，許多溝通的作用相當於「虛擬拍肩」，讓分隔兩地的朋友建立和保持一種連結的感覺。[6]參與研究的青少年在被問到與朋友之間傳送的簡訊內容時，十四歲的亞倫說：「就是『學校怎麼樣啊？日子過得好嗎？你在做啥？』因為我覺得簡訊就是保持連絡的簡單方式。」亞倫指出，這種對話有時會持續一整天，有時會中斷，因為其中一人或兩人都去上課或吃晚飯，但是沒多久他們就會回到手機螢幕上繼續對話。對十七歲的珍妮來說，發簡訊是沒事做時填補空檔的方式，「（簡訊）像是某種連絡基地，就是無聊的時後，嗯，不知道要做什麼，想到梅根就在線上，我就會跟她聊天。」

雖然這種「微型協調」與「虛擬拍肩」最常見於朋友與情侶之間，但近來也漸漸成為家人間的標準連繫方式。手機讓家庭成員可以用更彈性、更即興的方式擬訂計畫與協調眾人的時間，這在過去是辦不到的。如果一個青少年當天突然決定放學後要到朋友家而不馬上回家，她很容易打電話或傳簡訊徵求父母同意。如同前面章節討論過的，父母可以、也已經使用手機與臉書和讀大學的孩子連繫，同時參與他們的日常大小事。[7]

現今通訊科技的特性中，可接近性並不是唯一新鮮且值得留意的。社群網站已經將許多人際互動轉變成公共事件，在數位時代前很少如此。除了打電話與當面溝通之外，臉書的塗鴉牆提供了一種全新，而且非常公開的方式，來規畫並逐項記錄社交活動與分享經驗。誰被邀請參加派對、誰沒被邀請，變成公開的紀錄。所有的活動，不論多麼微不足道，都被手機照相捕捉與上傳。同樣的，戀情的開始與結束，也比以往公開許多的方式被一一記錄下來。[8]

當臉書通訊比當面談話更公開，有些數位化溝通方式對年輕人來說則相對私密。文字訊息與即時通通常只涉及兩名當事人，較臉書塗鴉牆上互換留言要親密許多。對話的兩造寧願看螢幕而不看對方的眼睛，主要原因通常是，在不同空間對另一個人吐露心聲，感覺比較沒那麼危險和尷尬。[9]我們訪問一名少女，十五歲的克里斯緹娜，告訴我們她喜歡用文字訊息溝通的理由，「我不擅長表達情感，而且，呃，我有時不太能當面說出自己的感覺，因為我不喜歡別人知道我的想法和感受。」其他研究也有相同的發現，年輕人普遍喜歡文字訊息形式的自我揭露。[10]

今天的社交互動許多方面都借助APP之力。APP讓便利、速度和效率達到巔峰，想要什麼，馬上就有；用完就關掉（前提是要先關閉推播功能，否則會主動跳出新訊息通知）。如果厭倦了某款APP，直接刪除就可以了。APP在我們的掌控之中（雖然我們依賴日深，有淪為被掌控的危險），隨時可得，看似無害。現今的年輕人仰賴數位媒體溝通的情形，也是如此。

不一樣？是的；更好？不見得

年輕人的社交互動與二十年前相較，看似有不小差異。但比較不清楚的是，究竟是關係的進行方式不同，還是關係的品質有了改變？年輕人的社交網絡比起過去，是變大還是變小？變深還是變淺？他們的人際關係是不是比較真實、正面和滿足？還是相反？當我們思考這些問題時，別忘記我們在第三章提到艾瑞克森的理論。心理分析家的人類發展模型中，青年時期的主要任務是與他人形成深入且長期的關係，如果缺少這樣的關係，會造成孤立與疏離感，在往後人生將難以應付接踵而來的挑戰，諸如撫養家庭、成功就業等。

日益升高的孤獨感

要比較美國民眾核心討論網絡的變化，學者和新聞記者必定會引用綜合社會調查在一九八五年與二〇〇四年針對美國民眾的生活方式、價值觀與信念的年度調查。研究人員感興趣的是，在過去二十年間，美國人擁有的親密人際關係——常被稱為「強連結」——數量上究竟是成長還是衰減。[11]他們提出以下問題並檢視人們的回應：「大多數人會與他人討論重要事情，回顧過去六個月，你跟哪些人討論過重要的問題？」除了核心討論網絡的人數增減外，研究人員也想了解網絡的組成份子在這二十年間有何不同，幸好這份調查同時記錄了受訪者的人口統計學特徵，以及他們與個別討論夥伴間的關係（例如配偶、父母、手足、同事）。

結果令人吃驚。一九八五年，美國民眾平均有二．九四個討論夥伴；到了二〇〇四年，人數減少到二．〇八，幾乎少了一個人（或換個說法，討論圈縮減了三分之一）。研究人員也發現，核心討論網絡的組成份子，從街坊鄰里和社區組成的非家人關係，轉變成以家庭為主的關係，尤其是配偶。此外，表示自己沒有與任何人討論重要事情的人數，從一九八五年的一〇％，在二〇〇四年上升到二五％。

同一時期，對他人的信任也有同步降低的趨勢。二十世紀的最後四分之一以來，美國民眾對同胞和民主體制越來越不信任。[12]一九七二年有四六％的受訪者對綜合社會調查的問題「多數人是可以信任的」表示同意；但到了二〇〇八年，只有三三％的受訪者表示同意。對他人的信任感大幅滑落，這對於親密關係與社交孤立具有重要意涵。如果你不相信大家都遵守相同的遊戲規則，便不可能敞開心胸與人親近。

我們分析過去二十年高中生的藝文創作和美術作品，結果發現青少年也受到這股社交孤立潮流的影響。以孤獨或寂寞意象為主題的美術作品，比例從一九九〇年初期的一五％，到二〇〇〇年末期上升到二五％。在藝文創作的分析方面，同儕的角色近年比較常出現在文章中，但也比較常與某個孤獨的人物有關。說得精確一點，一九九〇年代早期，七六％的作文完全沒有、或甚少提及同儕；直到近期，同儕在大部分（六〇％）的作文中躍居要角，而且其中將近三分之一的描述與人物的孤獨狀態有關，例如某個角色幻想有朋友一起玩泥巴，或極度缺少朋友（即使這個人身邊有很多同儕）。

常接觸，但少溝通

綜合社會調查揭露的社交孤立趨勢，在《一起孤獨》和《寂寞的美國人》

這兩本書中，以及雜誌專題〈臉書讓我們更寂寞？〉、〈社群網路擾亂思緒？〉文中被大篇幅探討。這些文章凸顯出美國民眾越來越孤單，也越來越與社會隔絕。[13]如標題所點出的，追究這股令人困擾的趨勢成因，幾乎一面倒指向新興媒體科技，如手機、臉書、推特與電子郵件。有些研究人員發現，在數位裝置上花越多時間的年輕人，社交生活較不成功。[14]

社交孤立與社群媒體間的關連尚不明顯。確實，這聽起來恰好背道而馳。設計用來連結人們的科技，怎麼可能反而令人們變得疏離？為了解開這顯然的矛盾，我們來看看莫莉使用臉書的經驗。莫莉在高二時決定關閉臉書帳號，她開始對追趕同儕密集活動的壓力覺得反感，「有了臉書，你會覺得必須一直掛在線上，不然就可能錯過什麼事情，如果有人在你的牆上留言，你不會想等個兩、三天才回覆，所以你得一直保持登入。」而當莫莉看到同學們用手機拍攝並上傳一堆照片到臉書，並且互相品頭論足時，造訪臉書更讓她覺得自己是個局外人。這些照片以及底下成串的回應構成一個鮮明的小圈圈，他們的生活看來比莫莉更多彩多姿。對外的幸福展示，與內在的心靈起伏之間的反差，讓她覺得自己仿佛沒達到標準。

莫莉的感覺並不孤單。一項針對大學生的研究，探討臉書的使用與看到他人幸福快樂之間的關連性。[15]使用臉書的時間較久，並且每週花較多時間在臉書上的學生，較常認為別人比較快樂。此外，把越多不認識的人加為臉友的學生，越傾向認為別人過得比較好。因此，像臉書這類社群媒體平台，可能會讓我們感覺孤獨，因為它給我們一種「這些朋友老是跟精彩、好玩的人混在一塊兒，過得比我們開心得多」的印象。我們也聽過年輕人說，他們曾經花上幾個小時，看臉書上認識的朋友展示的各項成就。而這樣的窺視行為，讓他們覺得不服氣卻又感到自卑。

特蔻有另一種解釋，雖然 APP 讓我們可以執行許多任務，卻不足以促成深入的互動連結，來維持與滋養人與人的關係。推特的留言以一百四十個字母為上限，只能講重點（還有許多 APP 為了讓效率與速度極大化而精簡內容）。當然，有人可以把微言大義濃縮成短短數行（如同日本的俳句），但這種方式無法允許人們溝通和回應彼此複雜的情感。

特蔻也留意到，人們或許刻意藉由文字訊息來迴避深入的溝通，正因為我們明白，推特、文字訊息和更極端的，會自己銷毀照片的 Snapchat 稍縱即逝的特性，我們也會懷疑另一頭的人是否會專注聽我們想表達什麼。一位研究參與者，十七歲的威廉有同樣的感受：「（透過即時通）人們通常不會立刻跟你談話。他們不會主動找你談，通常是上網做一些事的時候，剛好有五分鐘，就趕快給你寫一些東西。所以，面對面談話，因為彼此積極地交換訊息，說的話顯得有意義多了。」

十四歲的卡莉在《赫芬頓郵報》的部落格文章中，流利地表達出線上互動的淺薄浮面。她在開始寫部落格的幾個月前，刪除了臉書帳戶。和莫莉一樣，她開始覺得臉書是一個疏離的空間，她看到其他人似乎總是擁有許多美好時光，總是比她開心快樂，因而感到沮喪。原因不僅於此，這些一波波堆砌出來的幸福和成功，固然讓人自嘆不如，對卡莉而言，臉書上的人際溝通品質——成串帶著強迫性質（與敷衍的）的生日祝福和按讚——既無法讓人滿意，也不真誠。雖然刪除臉書帳號，讓她感覺隔絕了大部分的同儕群體，但也讓她用新的觀點看待友誼，她觀察到：「如果刪除帳號教會我什麼事情，那就是如何分辨真的朋友和假的朋友。」[16]

要建立深層關係，就不能害怕受傷

深層關係的一項重要特質，是彼此願意敞開自己，不怕受傷。要把想法和情感直接攤在別人面前是很不自在的，然而，唯有承受這種情感上的風險，才有可能與人真正接近。許多學者和民眾都有同樣的憂慮，用螢幕代替面對面，消除了大部分關係裡的情感風險。[17]畢竟，先計畫要好說什麼，保持一定的距離，萬一對方的反應讓人來不及過濾或料想不到，也可以迴避掉直接面對的尷尬和不愉快。APP恰巧（或者說不巧）是最極致的濾網。

我們從焦點團體的訪談中了解到，今天許多年輕人認為發文字訊息和直接打電話，前者比較不打擾別人；而透過臉書或用簡訊結束一段關係，已經不罕見。與簡訊分手類似的情況是取消約會，許多人現在都依賴簡訊臨時取消原先的計畫。[18]特蔻認為這種保持距離以策安全的關係，最終會將真正的親密感磨損殆盡。她警告：「現在出現一個危機，我們開始把人看成一個物體，只想接觸其中有用、舒適和愉悅的部分。」逐漸耗損的親密關係，就像一位焦點團體成員形容的：「這些孩子們連繫的次數越來越多，『真正』的溝通卻越來越少。」[19]

新媒體科技消除了人際關係的情緒風險，讓我們彼此疏離，這種景象也出現在另一個層面。學者汪普（Christy Wampole）寫了一篇引發爭議和許多辯論的專欄文章——〈如何不當酸民〉。[20]她發現現今的年輕世代很喜歡嘲弄和取笑。在她看來，年輕人不管是穿小賈斯汀T恤、看《歡樂合唱團》或互送生日卡，都是用一種戲謔的態度。他們以嘻笑怒罵和尖酸嘲諷來掩飾真實的行為和人際互動，讓自己與實際作為，以及與他人的距離越來越遠。汪普表示，網路助長這股嘲謔風潮。公眾人物的行為立刻在網路上被轉化成可笑的圖片或影像，並且廣為傳播。在一則推文末尾加上詼諧的表情符號，嚴肅性馬上蕩然無存。夜間電視節目的兩名主持人強·史都華與史蒂芬·寇伯特對新聞主播、政治人物和其他名人的冷嘲熱諷不斷被轉貼、分享、推文討論，更加助長了這種風氣。把每件事都當成玩笑、沒什麼好當真的，猶如穿上保護罩，使自己免於受傷。然而，不怕受傷，正是與他人建立真誠、有意義之關係的必經之路。

新媒體科技除了帶來疏離，還有破壞。參與研究的每一個焦點團體都談到新媒體科技的破壞力。從手機不停傳來文字訊息和APP提醒（臉書朋友的新動態、體育競賽最新得分或突發新聞）的嗶嗶聲響，讓年輕人進一步遠離當面對話的現場。莫莉記得有一次和室友們一起吃早午餐，整個用餐時間，她的朋友都低著頭滑手機，不曾抬頭跟莫莉說話。「我不想呆坐在那兒，所以我開始玩手機上的遊戲。」不可置信的是，霍華德問莫莉有沒有嘗試丟出話題，她說有，但沒有一個話題可以把朋友的注意力從手機上移轉開來。因為不想讓大家覺得尷尬，莫莉最後放棄，回到自己手機上的安全天地。

焦點團體成員在親身經驗裡也看到不少類似的例子，他們憂心，移動科技和社交媒體可能使年輕人面對面溝通的品質每況愈下。一名參與人員指出，「孩子們缺少面對面互動的足夠練習，他們現在不出門踢球，也不會跟彼此打招呼。」

新科技的破壞本質，從高中生藝文創作的分析中也看得出來。我們逐篇分析文章中科技所占的分量，以及作者或故事人物對科技的態度，在二十世紀最後十年，與二十一世紀最初十年，科技與媒體在大多數的文章中無足輕重，不過我們倒是發現，科技在人際關係中的角色有著有趣的轉變。早期的創作裡，科技從來不曾被描寫會破壞關係，甚至在一些故事中，媒介常與經驗分享有關，例如主角一家人一起看報或看電視新聞。相反的，較近期的創作關於科技的描述，經常是干擾人際關係，真的，只有一篇文章寫到媒介與經驗分享（與鄰居一起看卡通）。看起來現今的年輕人普遍認知到，滲透他們生活的新媒體科技潛在的破壞力。

在現今媒體科技可能破壞的人際關係裡，受到最大威脅的可能是家人。另一方面，我們提過，家人間的連繫從來不曾像今天這麼緊密，歸功於手機、即時訊息與電子郵件，讓討論事情不再局限於忙亂的早晨和不定時的晚餐，現在整天都可以進行。我們也看到，即使當孩子離家上大學，科技讓他們與父母保持和在家中一樣密切的溝通連繫。[21]就在父母普遍樂觀看待科技在家庭生活中的角色，轉折點似乎悄悄來到。一項調查顯示，父母認為家庭裡科技太多——上網時間太長，太多新機種——產生一種孤立效應，降低了家庭共處的時間與親密感。[22]這種狀況正如同「後家庭時代」的家庭群像，家人與機器互動的時間，多過於彼此互動的時間。[23]

從孤獨到親密

說到APP心態造成的孤立效應，可說是罄竹難書。但我們在書中從頭到尾都主張，APP如果使用得當，好處多多。的確，過去十年累積的證據顯示，許多年輕人的數位媒體活動讓他們的人際關係獲益良多。[24]這些研究指出，大致說來，年輕族群並非只利用線上溝通取代面對面溝通，而是增進溝通。因此數位媒體與刺激效應有關，與朋友溝通的機會越多，會覺得彼此更加親近。

我們調查高中生的線上同儕溝通行為，也發現相同的正面效益。[25]線上溝通可以促進歸屬感與自我揭露，這是青春期親密關係形成的兩個重要機轉。數位媒體可能對於現實生活中遭到排擠的青少年幫助特別大，他們可以在具有同理心的線上社群裡找到或形成歸屬感。[26]

當然，雖然歸屬感總比孤立感好，但是並不必然與好結局畫上等號（有人可能歸屬於某個「憎恨團體」，例如那些犯下濫射罪行的槍擊案）。有接觸不等於關係親密，用「交換訊息」來形容可能比較適當，缺乏溫暖，更談不上深度交流。回想先前討論的Snapchat，我們提過，人們用這個APP交換照片並不能促成對話，反而比較類似彼此缺少連結的單向傳送。

另一個 APP「Facetime」（蘋果電腦對 Skype 所開發）也可以證明網路上的人際往來，很容易從深度交流落入訊息交換。當凱蒂與莫莉第一次用 Facetime 遠距通話時，凱蒂立刻發現真正的眼神接觸是不可能的。如果你希望對方覺得你看著他的眼睛，必須盯著攝影機，而不是他的雙眼。換句話說，要製造眼神接觸的「假象」，反而必須迴避真正的接觸。凱蒂同時還注意到她在螢幕角落上的影像，她發現三不五時就忍不住看一下，讓她的注意力不時從莫莉轉移到自己身上。顯然莫莉也是如此，落入「自戀陷阱」裡。事實上，在她們對談時，凱蒂扮了一個鬼臉，但莫莉毫無反應，凱蒂覺得奇怪便問莫莉，莫莉有點不好意思地承認，她當時正注意自己螢幕上的模樣和臉部表情，沒留心姐姐說什麼。凱蒂總結她使用 Facetime、Skype 與 Google Hangouts 的經驗認為，雖然可與他人遠距連絡很棒，但要達到面對面接觸般深入而溫暖的交流，就算不是不可能，也是相當困難。

總之，數位媒體讓年輕人感覺連結或孤立，最後還是看他們的態度——是善用，還是依賴 APP？是用 APP 來強化，還是取代離線後的人際關係？

日漸式微的同理心

孤獨是個人層次的問題，但卻可能形成廣泛的社會效應，損害同理心，並妨礙利社會的正面心態。許多證據顯示，現今的年輕人相較於八〇年代和九〇年代的同輩，較缺少同理心。密西根大學研究人員綜合分析一九七九年至二〇〇九年共七十二份針對美國大學生的調查報告，做出上述推論。[27]他們發現，針對以下兩個問題：「有時我會試著站在對方的觀點來看事情，以更加了解我的朋友們」和「我對比我不幸的人常覺得疼惜與關懷」，回答「是」的學生人數，每隔一段時間就會有不大、但頗為顯著的下降。

其他方面的趨勢也有類似的情形，或許可作為同理心下降的指標。密西根大學的學者指出，研究顯示，針對社會上被污名化與邊緣化團體的犯罪事件增加，這些族群包括遊民、西語系族裔、移民、同性戀、雙性戀與變性人。另外也有證據顯示，大學校園裡的性騷擾與跟蹤、偷窺也有增加的現象。[28]如果我們從同理心下降的角度來看這些惱人的趨勢，我們或許能推斷，人們如果缺乏關照他人的能力，比較可能去傷害別人。確實，缺少同理心，正是反社會人格的特徵。

同理心下降與仇恨犯罪的增加，與上一章討論現今青少年更加接納與自己不同的人，前後看似互相矛盾。請讀者特別注意，大部分年輕人並不會犯下仇恨罪行，這類犯罪的增加，與一小部分個人在社會整體同理心下降的過程中，可能受到不成比例的影響有關。在談到接納差異與同理心降低的不同步現象時，要注意，對他人的接納與包容，並不等於同理。此外，記得一名焦點團體成員提過，年輕人看待與自己不同的個人、行為與文化的方式，常流於浮面，也就是說，他們的接納並不是源自於更多的了解。在有選擇的情況下，年輕人通常不會主動和不同種族或族裔的人相處。許多高中和大學校園裡，搞小圈圈的風氣仍然十分盛行。

我們自己針對七、八年級學生的藝文創作進行分析，發現故事中主角與作者本身有很大不同的比例逐年下降。一九九〇年代初期，有三二%故事中的要角和作者是不同性別；從二〇〇〇年晚期開始，沒有一篇故事是如此。「角色扮演」的減少顯示，現在的學生可能比較沒有意願（或能力？）去設想與自己不同的角色觀點。而且如果一個人只能與同一個圈圈的人，或社群網路上經過美化的形象相互對照，同理心難以滋長也就不足為奇了。

媒體的粗俗化效應——比較數化位前後

密西根大學的研究中，大學生同理心下降最明顯的時期在二〇〇〇年之後，很難不令人聯想，這樣的趨勢是受到社群媒體大爆發所導致。從ＡＰＰ看世界，難道會損害我們以他人的觀點看世界的能力嗎？

為探究這個問題，首先我們來看二〇一一年美聯社與ＭＴＶ頻道合作的調查，指出網路言論對於人們彼此對待的方式，產生一種「粗俗化效應」。[29]調查中十四到二十歲的人有七一％表示，人們在網路上比當面更容易使用種族歧視或性別歧視語言。

莫莉覺得這個統計數字一點也不意外，在她的經驗中，人們在網路上比面對面要來得刻薄，「我想許多同齡的孩子會感覺用臉書或推特上的貼文取笑他人比較容易，我想他們上網時就忘了自己是誰，把線上的身分當作另一個人，不必負責，也不用承受後果，因為一切不過是螢幕上一堆黑字罷了。」她解釋說，臉書的公開頁面可能會成為某種充斥惡意和冷酷的地方，「人們可以在留言和牆上貼文中肆無忌憚地尖酸刻薄，這欄留言就會變成一個公開的辯論會場，朋友各自選邊站，一堆人都跳進來。」莫莉注意到這種網路上的冷酷無情，在國中學生和女孩間特別常見，現有的證據和這項觀察也是一致的。30

莫莉也解釋照片如何被用來公開使人難堪，特別針對公認是怪異或不夠酷的人。舉個例子，她記得她在國中時期的一個案例，當她剛加入臉書不久，看到班上一名同學張貼的一本相簿，「我也在其中幾張照片裡，大約是二〇〇六或二〇〇七年照的，在我發現可以變美的聖物——鑷子、隱形眼鏡和牙套之前，一位應該算是朋友的同學留言說：『感謝上帝，幸好發明了牙套和隱形眼鏡。』底下是相簿裡其他人一連串同意和類似的回應。我完全同意他們，但是看到用這麼嘲笑的語氣寫在臉書上，還是很刺眼。」

雖然凱蒂也有年少時被同伴霸凌的回憶，但她的經驗和莫莉最大的不同是，至少她放學回家後就可以拋到腦後，現在，套句過去用來形容大英帝國的說法：「霸凌永遠不會落日。」31

雖然說這一類網路霸凌比較常見於女孩之間，但數位媒體的粗俗化效應，男孩間也無法倖免。性騷擾在某些線上遊戲社群裡相當尋常，包括用貶抑的名詞稱呼女性，用虛擬貨幣交換網路性愛，以及線上與離線的尾隨盯梢。有個可惡的案例，一名女生在對抗線上遊戲的性騷擾時，被一個男生拿她的影像設計成電腦遊戲，在螢幕上供人擊打，打到一片淤血染紅整個螢幕為止。[32]

比線上遊戲更無孔不入的是網路色情。青少年取得色情資訊從未曾像今天這麼容易，部分參與我們焦點團體的人士擔心，將色情素材作為男女關係主要範本，對感情會有不良的影響。他們尤其擔憂男孩在談戀愛時，會比較不願意坦誠自己，比較不肯努力了解和融入對方的感情生活；而青春期的男孩會希望他們的性伴侶跟色情女星一樣樂意配合，來者不拒。

學者已經指出，青少年流連網路色情，與過去十五年間美國高中與大學生時興的隨意性行為文化有關。[33]我們訪問的一名教師表示，她現在遇到的青少年似乎認為口交比親吻更不涉及個人。一項研究發現，現今的大學生對於進入一段固定關係頗為遲疑，反而喜歡周旋於許多隨意的性關係，不想談戀愛。[34]（許多約會和一夜情APP讓這種事變得更加容易。）研究報告的作者認為，現在的青少年並非對愛情沒有興趣，然而，他們害怕對另一個人敞開心胸，多過對戀情的渴望。對年輕人來說，一連串單獨的風流韻事，感覺上比一段持久的感情，風險要低得多。

同樣的道理，回到我們稍早討論過的「無所謂世代」，一位心理治療師觀察到，「目的是對任何事都無動於衷……在一個過度刺激的世界，事不關己、沒有感覺是一件很酷的事。性行為方面也是一樣——可以走開，並且說：『沒什麼大不了，都在我的掌握中。』」許多年輕人上網找性伴侶之後，再去參考臉書上的相關資訊，決定要不要在白天再次與對方見面，霍華德聽說後覺得好笑，也感到難以理解。

一位焦點團體成員則提到，青少年人際關係的崩壞與今天的電視實境秀脫離不了關係。《玩咖日記》、《壞女孩俱樂部》與「貴婦的真實生活」系列，標榜真實生活的角色，總是彼此互相輕蔑。例如每一季的《壞女孩俱樂部》，七個自稱的「壞女孩」被放在一棟豪宅中，拍攝她們（一如預期地）逐漸變壞的過程。攝影機從屋內、游泳池畔一路跟拍，錄下她們推擠、甩耳光、對著彼此尖叫，以及用盡手段犧牲同伴，以提升自己的地位。這些行徑形同九〇年代的八卦談話節目再現，例如《傑瑞・斯布林格秀》（順帶一提，本書寫作期間仍在播出新劇集）。然而，這類型節目越來越多，而且很容易透過 Hulu、YouTube、Netflix 的 APP 觀看，進一步擴大他們文化心靈的烙印。

當霍華德獲准旁聽一群青少年對談他們的數位生活後，他更加深刻感受到網路溝通令人眼花繚亂的特性。討論剛開始的幾分鐘，這些青少年溫和而愉快地談論社群網站上的溝通經驗，接下來有個年輕人提到個人名譽有多麼容易被摧毀，結果一句簡單的話引發了排山倒海的見證，幾名學生詳細描述同學和朋友如何被痛罵和霸凌，而支持他們的朋友通常也沒有為他們辯護。這就像臉書的布幕被掀開來，幕後的真實樣貌全都顯露出來。還有一個例子顯示，線上溝通的部分本質就像精神分裂，幾名青少年都有過相同的奇特經驗，一個人可以在線上向朋友透露個人最私密的事，但離線後又恢復到原本冷漠、有距離的互動模式。

莫莉和焦點團體的觀察雖然深具啟發性，卻也顯示今日的媒體環境對社會關係的影響，可說弊大於利。在社會科學研究領域，要確立兩個複雜變數間的因果關係並不容易，然而，我們看到有一項研究朝此方向努力。研究人員設計了一系列聰明的實驗，測試使用手機是否會影響大學生的利社會傾向。[35]其中一項研究是，參與者必須完成一份問卷，測量他們從事多種利社會行為的意願與動機，一半的參與者被要求在填寫問卷前，使用手機一小段時間。結果他們加入社區服務志工的意願，較控制組來得低。問卷裡頭還包括一些數學應用題，解出題目便可以增加慈善捐款，實驗組在解題的堅持度上也比控制組低。值得注意的是，就算只是要求實驗組把他們的手機畫下來，然後想想看如何使用，兩組的測驗結果仍顯示相同的差異。

研究計畫的作者對調查結果的詮釋是，手機強化了參與者與社會連結的感受，因此反而降低了從其他管道尋求社會連結的需求，這樣的影響寓意深遠。想想你最常打手機給誰，最有可能無非是至親好友，因此削弱了我們想要尋求親友圈之外的社會連結。

網路上也有類似的現象正在發生，《過濾泡沫》的作者帕瑞瑟（Eli Pariser）說明搜尋引擎和社群網站如何只讓我們看到想看（或它們認為我們想看）的訊息。[36]他用臉書的 EdgeRank 解釋背後的運作。EdgeRank 使用一套演算法，根據使用者與各個朋友的互動多寡來排名，再決定動態消息擺放的優先順序，讓使用者看到更多排名頂端的朋友動態。Google 搜尋的運算法大同小異，即使兩個人在 Google 搜尋輸入相同的關鍵字（無論是「亞特蘭大的藝術表演」或「二〇一二年總統大選」），得出的搜尋結果也會因 Google 對使用者的了解而不同。（從過往搜尋歷史、Gmail 連絡人和往來紀錄、YouTube 上傳和觀賞的影片——Google 知道的可多了！）帕瑞瑟認為這些運算法的封閉效應，造成我們在網路上只看得到同類型的人與想法，對不曾見過的事物和觀點便難以同理。[37]

總結

APP 終究只是一個捷徑，我們在這個章節中看到現今的青少年如何在人際關係中運用許多捷徑。這些捷徑使得人與人互動更加迅速、簡易、風險更少。倘若運用得當，並且是用來輔助，而不是取代面對面接觸，這樣的方便性必定有利於形成有意義的關係，並且強化和加深彼此間的連結。

然而，方便是有代價的。我們檢視了透過媒介的溝通有哪些特性，可能助長許多學者提出的「孤獨感上升、同理心下降」現象。透過先前的討論，我們特別注意到這些社會趨勢中，冒險動機減弱帶來的影響。消除人際互動中的風險固然比較舒適，然而，如果我們不讓自己置身於人際風險中，就無法與人建立真正的連結（孤獨）；再者，倘若我們沒有與人產生真正的連結，就無法設身處地為他人著想（同理）。

綜合我們目前研究的兩個領域可以得出，在談到APP世代的自我認同時，許多年輕人臣服於社會所設定的道路（依賴他人），照著走便能得到他們想要的生活和工作（就像依賴APP）；而在親密關係方面，這些年輕人從容且嫻熟地運用各種現成的連繫方式，但是卻沒能追求與他人建立較危險而有意義的關係。能抗拒自戀陷阱與當紅APP的誘惑，才可能形塑有意義的自我認同，與他人建立親密關係。

在探究年輕世代的自我意識和人際關係後，接下來，我們將一覽他們所創造的想像世界，以及數位工具在其間發揮的作用。

Chapter 6

APP如何影響年輕世代的創作？

年輕人每天沉浸在文字訊息、臉書最新動態、推文與線上音樂下載的世界，究竟會如何影響他們的創造力，以及未來自己揮出漂亮一擊的機會？

SketchBook、Brushes、ArtStudio、Procreate、ArtRage 這類的 APP 可以讓藝術家在他們的智慧型手機或平板電腦上畫圖、素描、繪畫。攝影家能用 Flixel、Instagram、Fotor、Photoslice 創造與巧妙修飾影像。才華洋溢的影像創作者可以利用 Viddy、iMovie、Video Star、Movie360。玩音樂的人可以用 SoundBrush、GarageBand、Songwriter's Pad、Master Piano 作曲與編排音樂。

任何藝術類型都能擬出類似的清單，APP 生態中有相當大一部分是用來支持藝術創作。即使一些 APP 起初並非為創作而設計，仍然可以成為揮灑想像力的舞台，就像我們提過莫莉用 Snapchat 自拍傳送給凱蒂的小型表演。算是對得起我們給予的稱號，APP 已經改變了 APP 世代運用想像力的方式。接下來我們將探討使用 APP（與其他數位媒體）來創作的利弊得失。

我們發現，數位媒體為年輕人開啟了展現創意的新途徑。現今年輕人從事混搭、拼貼、影片製作、作曲這些當今普遍的藝術類型，比數位時代前容易，花費也低廉得多，也比較容易為自己的作品找到觀眾。在這方面，APP 是我們的一項利器，容易使用，支援不同的藝術形式，而且鼓勵使用者互相分享。

然而，呼應我們對青少年在表達自我與親密關係的觀察，有一種APP心態，讓人不願意擺脫軟體設定功能與Google搜尋所提供的罐頭靈感。我們要問：在什麼情況下，APP有助於想像力的發揮？在哪些情況下，又會養成依賴或偏狹的創作習慣？

在往下進行前，我們先來談兩個背景重點。第一是關於藝術一詞。我們認同想像力可用於任何領域，或許是科學、商業、嗜好或運動。的確，根據艾瑞克森的說法：「運用人的心智與資源，積極並富想像力地追求有意義、有益處的人生。」他所指涉的行為十分廣泛。我們把焦點放在藝術上，是因為藝術的形式包羅萬象，人們提到想像力一詞，最先會聯想到的就是藝術，另外也因為我們有機會找到過去二十年期間的藝術創作，並逐一檢視。

其次，關於想像力一詞，我們想了解年輕人如何運用他們的認知、社交與情緒能力，拓展知識，豐富他們的創作——如一般所謂的，跳脫框架思考。許多評論者對二十一世紀的新技能十分感興趣，他們創造了一些詞彙來捕捉這樣的概念，如「創造力」、「創新」、「原創性」，以及「創新精神」。而我們喜歡「想像力」，因為它精準地聚焦於年輕人從事創意活動時的心理過程，還有，老實說，使用「imaginative power」一詞，「三I」才得以成立。

從錄影帶到自製短片

毋庸置疑，APP與其他數位媒體科技改變了想像力表現的景觀地貌，它們實質影響了創作過程的每一個環節，包括誰來創作、創作什麼，以及如何產出作品並找到觀眾。

我們來看幾個例子。過去幾年如果你都有收看超級杯美式足球大賽（或更重要的，期間的廣告），你可能看過一個或多個由多力多滋玉米片推出的消費者創作廣告，這家百事公司旗下的品牌推出「超級杯爭霸戰」的行銷活動，邀請球迷為多利多滋設計製作三十秒廣告，並舉辦網路票選最喜歡的廣告。在送出作品後，許多業餘影片製作人利用YouTube與臉書一類的社群媒體平台，為自己的廣告作品拉票，爭取支持。

二〇一二年的超級杯，送件人數達到六千一百件（最高紀錄），線上投票也有數十萬之多。其中一件競賽作品，描述一對祖孫檔合力從一群遊戲場上的小霸王手中搶到一包玉米片，榮登《今日美國報》與臉書合作的超級杯廣告專頁得票數冠軍。這個廣告專頁是《今日美國報》首次與臉書共同推出，讓所有觀眾——而非事先篩選、授權的投票部隊——票選他們最喜歡的超級杯廣告。獲勝者是一名退休的特殊教育老師，贏得百事公司提供的一百萬美元獎金。

當然，「超級杯爭霸戰」不過是企業嘗試以社群媒體來賺錢的一個案例，但也顯示出今天數位媒體科技正以新的方式形塑創作過程。花費不多又具彈性的影像拍攝硬體（手機、數位相機、平板電腦），以及剪輯軟體（包括許多剪輯 APP，如 iMovie、Viddy 和 Movie360），降低了影片製作門檻，並且提升業餘製作的品質。社群媒體的出現也促成改變的發生。[1] 其中，學者經常提到「學門」——社會上專業領域的守門人——在創作過程中扮演的角色。[2] 影片分享網站與 APP，如 YouTube、Vimeo 和臉書，戲劇性地擴大了學門的範圍，以及業餘攝影師接觸專家的機會。[3]

莫莉就是這麼一名業餘攝影師，十分善於利用數位媒體帶來的新機會。她十一歲時開始用 iMovie 軟體製作影片，當時 iMovie 已經是她第一部筆電 MacBook 的套裝程式。她覺得這個軟體很容易上手，可以玩玩不同的特效、標題和配樂，很有趣。她的影片通常是把和朋友、家人在一起的片段巧妙地串起來，並配上懷舊音樂，她甚至上傳了一些到YouTube。「雖然它們和小賈斯汀影片的百萬觀看次數可說天差地遠，但想到我十幾歲的影片被許多人看到，感覺還是滿不錯的。」

我們在研究中訪問了一些年輕的創作者，發現他們用許多充滿想像力的方式來使用數位工具。十九歲的丹妮爾告訴凱蒂，她用微網誌LiveJournal創作與分享影片的經驗。這名年輕的攝影師說，粉絲自製MV，將多個電視影集或電影片段組合後再配上音樂，和混搭歌曲（《歡樂合唱團》影集帶動的風潮）同屬一類。通常被選用的電視影集或電影都有很強大的粉絲社群，觀眾必須對原始劇情有所了解，才能理解這些MV創作者選擇的片段與音樂要表達什麼意涵。

丹妮爾的MV取材自電視科幻影集《星際奇兵》，雖然近期的改編短片多採用電影版。除了表現她的想像力，丹妮爾也用這些短片傳達具有女性主義色彩的政治訊息。

LiveJournal的粉絲MV社群，在丹妮爾的MV製作經驗占有重要的分量。

她從那裡向比較資深的前輩學習技能，獲得對作品的建設性回饋，同時也提供別人關於作品的意見。這個社群沒有局限在線上虛擬世界交流，接受採訪的幾天後，丹妮爾與最好的朋友飛到芝加哥參加一個粉絲MV會議，丹妮爾興奮極了，因為她將見到幾位曾在 LiveJournal 指導她的知名MV創作人。

在 LiveJournal 之外，還有許多不同的社群媒體平台，其中不少是 APP 形式，提供年輕人與他人分享創作的機會。Figment 是青少年小說社群平台，創辦人之一、也是《紐約客》雜誌的前主編傑路易（Jacob Lewis）說，這是一個青少年彼此分享文字創作的園地。如同其他社群媒體網站，青少年必須先設立個人頁，內容包括一張個人照片、一段自我介紹、一份追隨者名單、團體會員，還有讓其他用戶評論的留言牆。至於網站上的文學部分，個人頁還包括一排最愛作家名單，可以連結到作家的創作和對其他作品的評論，另外還有成排的徽章，表揚他對網站的參與。（舉幾個例子：發表十篇作品的青少年獲頒「文字達人」徽章；讀過二十五篇作品獲頒「書蟲」徽章；寫滿三十篇評論則獲頒「評論家」徽章。）

另一個同類型網站 DeviantART，則是以視覺藝術創作為主，而非文字創作。這類網站為年輕創作者開啟了令人興奮的機會，得以分享作品，並且獲知他人的評價與回饋。

數位時代的創作案例實在太令人振奮了，瀏覽 Figment 與 DeviantART 這些網站上的文章和藝術作品，可以看見許多年輕人正使用這些數位工具來揮灑想像力。然而，也有人質疑他們使用這些工具到底揮灑出什麼。以丹妮爾的 MV 為例，有些人認為這類混合剪輯的音樂短片具原創性，也是有創意的藝術表現；[4]但也有人批評，拿別人的作品再利用根本毫無新意。[5]當然，這樣的爭論在數位時代來臨之前便存在了——如達達主義藝術家杜象的馬桶《噴泉》，以及普普藝術家安迪・沃荷的湯罐頭。這類論戰不過是在今天的剪貼文化中更顯尖銳。

另外還有一個問題是，APP 與其他電腦軟體內建的限制是否讓創作過程受到局限？回顧本書開頭舉過給幼童玩玩具的例子，我們不禁要問，讓兒童在後院發明自己的遊戲，是不是比讓他們玩專業遊戲設計人員設計的電玩要好？[6]而年輕人每天沉浸在文字訊息、臉書最新動態、推文與線上音樂下載的世界，究竟會如何影響他們的創造力，以及未來自己揮出漂亮一擊的機會？

想像力的今與昔

在我們開始思考APP與其他數位媒介如何影響想像力之前，先來探討自從新媒體科技問世以來，年輕人的想像力運作過程是否確實有所改變。

想像力是很難定義的概念，更遑論測量。然而，心理測量專家已經努力想辦法以許多方法衡量創造力，最廣為人知的創造力測驗，應該是陶倫斯創意思考測驗，一九六六年開發，至今已是世界通用。測驗衡量潛在創造力的數個面向，包括對知識的好奇、開放性思考、語言表達能力和獨創性。雖然也受到批評，但一般公認比起其他創新或擴散性思維的標準測量工具，更能預測未來的創新成就。[7]有實際證據顯示，測驗得分高低，可以預測日後是否從事創意工作，以及成就如何。[8]

有一項知名研究，蒐集美國約三十萬名兒童與成人的陶倫斯測驗分數，檢視美國人的創造力在二十年間有沒有變化。[9]研究發現，測驗中每項指標都呈現顯著的下降。下降幅度最大的是精密性分數，精密性包括闡述想法、周密而深刻的思考，以及創新的動機。其他多項指標得分也降低，包括流暢性（產生大量構想的能力）、獨創性（能提出少見且與眾不同的想法）、創造力（情感與語言表達能力、幽默感、獨特性、活力與熱情），以及開放性（保持思想開放、求知欲、樂於嘗試新事物）。整體而言，近年來更呈現階梯式下降，一九九八年到二〇〇八年，幼稚園到六年級孩童分數下降較其他年齡層來得更多。

有趣的是，發表這項研究的期刊同時刊登了另一群研究人員的論文，他們描繪的青少年創意變化則樂觀得多。[10]該研究團隊以為期二十三年的時間，調查六歲與十歲兒童假想遊戲的能力。假想遊戲雖然不等同於創意，但已確認可以預測擴散性思考能力，是創造力的指標之一。[11]

研究團隊分析了一九八五年到二〇〇八年共十四項研究，每一個研究都使用相同的工具——遊戲影響量表，測量一到三年級兒童假想遊戲的許多面向，包括想像力（孩童有多少幻想元素和新奇的主意）、舒適度（孩童在遊戲時的自在與開心程度）、組織力（遊戲情節的複雜程度和品質）、情感的頻率與多樣性（孩童表達情感的頻率和範圍），以及正面和負面情感（孩童表達正面和負面情緒的頻率）。

以上測量的七個面向中，只有想像力、舒適度和負面情感在二十三年間出現重大變化。想像力與舒適度大幅上升，顯示兒童在假想遊戲中表現出更多的想像力，而且從中獲得更多的快樂。相反的，遊戲中的負面情感逐年降低，這項變化是唯一與其他研究一致的結論，因為兒童遊戲中的負面情感被視為與擴散性思考有關。[12]在文章的結尾，遊戲研究的作者也認知到兩項研究結果之間的矛盾，他們只好不能免俗地說：「還要繼續研究」。

從我們的研究看創造力的改變

我們採用的研究結果，是我們對於過去二十年間青少年創造力變化的探討。有別於依據創造力測驗或其他如遊戲量表的分數，我們選擇檢視青少年的實際創作。針對年輕人創作的過程，這個方法提供更加寫實的觀點，最後，我們採用一九九〇年到二〇一一年，國中與高中學生創作的短篇小說和視覺藝術作品。（在本書的研究方法附錄中，會詳述我們如何分析作品，包括我們採取那些步驟，確保每件作品的分類是一致且客觀的。）

如果我們的研究可以明確解決上述兩項研究明顯的衝突，那就太好了。可惜，在這個滿布地雷的領域，研究的本質便是如此，我們無能為力。事實上，我們的研究結果讓這個議題更為複雜，但在我們看來是有幫助的，也能提供一些啟發。

視覺藝術作品更加豐富

我們的一部分研究是針對麻薩諸塞州一份全國性青少年藝文雜誌《少年印刻》（*Teen Ink*），過去二十年間，共三百五十四件視覺藝術作品進行廣泛的分析。這項分析顯示，一九九〇年到二〇一一之間，作品的複雜度明顯提升。例如，我們分析作品的背景，評估創作者如何處理主要人物或物體的周遭和背景空間，與較早期的作品相較，較晚期作品的背景上色更完整。換句話說，近期作品的主體通常被放在全彩的背景裡，而早期的作品中，較常見到主體漂浮在空白或部分著色的背景裡。

這個差別相當大：七八％的近期作品被歸類於全彩背景，而早期作品只有四〇%。因此，你所看到的近期作品，較早期作品，更加精緻且完整。

我們檢視了另一個複雜度標記——每件平面作品的構圖與平衡。我們特別注意圖畫中人物與物體擺放的位置是置中，還是偏向一側？其中置中擺放的比例，由早期的五八%，近期作品降到四九%，顯示當代創作者多少傾向試試不同的做法。

我們也在找裁剪的痕跡：主體是否超出邊界？我們發現裁剪過的作品，從早期的四%，近期上升到一五%。當代創作者顯然較早期更勇於嘗試傳統以外的方式。

我們分析這些創作者運用的方式，也可以見到有別於傳統的做法。不意外的，以數位手段（Photoshop、照片後製工具等）為主要創作方式的作品數量在過去二十年內明顯增加。早期不到一%用到數位技術，近期的比重則增加到一〇%。近期的作品使用的媒介類型，也有別於傳統創作方法。例如，使用傳統的筆墨或其他繪畫工具（如炭筆或鉛筆）的比例，早期占五五%，近期已下降到一八%；相反的，使用非傳統媒介創作的作品，如數位藝術、拼貼、公共藝術、超現實藝術與混合媒材創作，數量從早先不到一%，上升到九%。

青少年藝術作品的複雜度逐漸提升的最後一項證據，與創作者的整體創作風格有關。我們從內容和技巧整體來檢視這些作品，將作品分為三大類：保守的、中庸的、不按傳統的。如果一件作品善用傳統媒材，並且在技巧和內容上沒有偏離傳統做法，就歸類於「保守的」；如果作品既非傳統藝術類型與風格，也缺乏獨特或顛覆性，就歸類於「中庸的」；如果作品在內容或技巧上有明顯不俗的表現，就歸類在「不按傳統的」。不按傳統的作品在技術上可能有特別的觀點，或以新穎的媒材運用方式；在內容上可能是超現實情景，例如爬出垃圾桶的屍體、沒有身體的尖叫頭顱組合成的抽象圖形。有些作品在內容和技巧上都不落俗套，有些只有其中一項。

我們的分析發現，保守型的作品比重從早期的三三％，近期降到一九％；而不按傳統的作品則從一九％，上升到二八％。

不按傳統、不隨俗的趨勢，顯示研究計畫涵蓋的二十年間，年輕藝術家的作品越來越複雜精巧。

小說創作趨於貧乏

而我們針對國高中生小說創作的分析，所呈現的變化模式卻明顯不同。舉個例子，在評估高中生的創作類型（諸如科幻小說、童話或歷史小說）時，我們發現所謂的「類型劇」明顯下降。一個故事如果溢出傳統寫實觀點，通常是加入虛幻或荒謬的幻想元素，便視為類型劇。一九九〇年代早期的文字創作中，有六四％含有這類幻想元素；相反的，將近四分之三（七二％）的近期作品絲毫沒有這類元素（稍後會有各個時期的故事範本）。

我們分析國中生寫的小說，發現了一個相同、卻較少人提出的趨勢。為了分析作品，我們注意情節發展的節奏快慢，檢視故事的主要衝突點，並記錄重要的高潮段落。從分析中，我們將主要劇情分為三大類：日常類、日常但稍有新意，以及不尋常類。「日常類」故事情節平淡普通，通常描述平日家裡或學校例行發生的事；「日常但稍有新意」指雖然也是老套的故事，但至少有一個不是天天會發生的高潮；「不尋常類」的劇情會包含重要而出色的元素，或不可思議的事件。

我們發現，無論早期或近期，「日常但稍有新意」的故事數量差不多（每組約二七％），然而，「不尋常類」相較於「日常類」的變化就非常明顯。早期作品有將近三分之二被歸類在「不尋常類」，而近期則只有一四％。

當我們檢視其他的劇情元素，如背景設定、發生時間，以及線性敘事時，也出現類似情況。例如，在高中組，早期作品比較會以非線性手法敘述，而近期作品則比較常用傳統平鋪直敘的方式。早期作品只有四〇％被歸類在「線性敘事」，而近期作品這個比例高達六四％。

在國中組部分，我們發現早期作品的故事背景較常設定在不熟悉（至少對國中生而言）的時空，例如第一次世界大戰，約占整體的三二％；而近期的故事大約只有五％。在時間方面，早期作品的故事發生時期不同於寫作時期的比例，也比近期作品要多。

綜合考量以上結果，包括類型、情節、故事框架、背景與發生時間，在在顯示青少年的視覺藝術作品越來越不受傳統拘泥；然而文字創作卻越發往傳統路線靠攏。

最後，還有一個關於高中生創作最顯著的改變，與寫作者運用語言的正式性有關。與早期作品相較，近期作品的用語顯然較不正式。當代的作者相較於九〇年代，在文章中更常使用咒罵的詞彙、口語或俚語如「讚啦！」，以及新創字如「熊抱」、炒飯（指性交）。這方面的差異相當鮮明，早期只有二四%的作品會包含非正式、俚俗的用語，而近期作品的比重則達到八〇%。簡而言之，早期有較多故事碰觸奇幻或荒誕的主題，然而他們用來描繪幻想世界的語言，卻相對沒那麼多彩鮮活。

下面這篇一九九〇年初的高中生短篇小說，便包含了幻想元素、優美文句、資料運用，以及人物對白。

心理醫生

桃樂西・史密斯

我現在要去看我的心理醫生，薩博恩博士。我痛恨這些每週例行約診！好像什麼事都是我的錯，真是荒謬。看這些診只不過讓我的支票簿越來越薄。

我踏入薩博恩博士的辦公室，跟往常一樣，他連忙從桃花木桌子底下鑽出來迎接我。他的藍色甲殼綴滿細碎珠寶，閃閃發亮；脆弱的觸角開始在空氣中進行無形的診斷。

「早安！你好嗎？我覺得我們的會面有很大的進展，請坐。」他說，聽起來像沙粒被篩落的聲音。

「我好得很。」我遲疑地躺上病人專用皮沙發。從我的目光看去，只見到他的雙眼，一對催眠般的眼睛，在長柄上揮舞著。我決定這是最後一次看診。停頓了一下，我忍不住爆發，「聽著，醫師，一點用也沒有。你知道我的心還是跟貝殼一樣完好堅硬。」他快速地敲著鉗子，像機器一樣分析我的反應。

「你忘了，」薩博恩回應：「我總是可以找到一個開口，爬進你絕望的潛意識螺旋裡。」他爬上沙發，「聽我說，難道你沒聽到那瘋狂之海正拍打著房間的牆壁？」他果然十分狡猾，但這次我不會再上當了。

「胡扯！你才荒謬。你連人都不是，只是一隻詭計多端的老螃蟹，貪婪地搶了我的錢，就跑到洞裡躲起來。」我大喊，一邊從外套口袋裡拿出一對紅柄鉗子，誇張地揮舞著，「這下抓到你了。」我牢牢抓住薩博恩的腹部，避開他憤怒的雙鉗，把他扔進我的手提箱裡。「今天晚餐要吃清蒸螃蟹！」

當我走出大門，薩博恩從身旁的黑暗深處尖聲喊叫著：「放我出去！你不明白心理醫生的痛苦，我的命運就像不斷變化身形的海神波迪斯，無助地在每個瘋子的妄想裡扭曲變形。」

另外這一篇二〇〇〇年後期的高中生作品，通篇都是平凡的用詞，尋常的主題，令人一目瞭然的記敘文。

年紀

雷恩．奧丁

太太不在家，你每天待在家裡，忍不住窩在沙發上抽雪茄；白T恤也不洗，遮蓋著舊睡褲裝不下的大肚子，一場接一場地看著球賽，褲頭曾經很鬆的鬆緊帶現在變得很緊，你不時拉開看看，還可以再長胖多少才需要換新。你每次都很失望，因為永遠少一吋。幸好，你太太在浴室鏡子上留下一張便條寫著：「不要忘記遛狗、洗碗，還有丟垃圾。晚餐煮魚來吃。笑一個，愛你。」你已經是個老頭子了，每天就算只是去買東西、理髮，或照顧年邁的母親，也總是穿著西裝。這是長大成人以來，頭一年你沒有在工作。你太太每天六點鐘便醒來，你的兒女不再每天打電話，每隔一天你會收到一封手機簡訊，你不太確定要怎麼在螢幕上掛掉電話。這些簡訊偶爾會送來孫兒們的照片，他們穿著聖羅蘭、亞曼尼和喬頓的名牌童裝。你辛勤工作撫養兒女長大成器，與有錢、但不見得相愛的人結婚，孫子們都被寵壞了，不像你上週在冰箱裡找到的起司三明治。你的家人四散而居，不在身旁，但是每晚你在上床睡覺前，仍是雙手交握在胸前虔誠低語：「感恩，感恩，感恩。」

老師怎麼說？

事情更加複雜了。我們訪談了有二十年以上授課經驗的藝能課老師（視覺藝術、音樂、和表演藝術），談談他們觀察不同時期的學生創作過程的變化。雖然老師們十分樂見現今青少年擁有廣泛的創作機會，還是有部分老師表示，現在的學生在提出自己的構想方面，似乎有些困難，相較之下，他們傾向因襲既有的做法。

一位受訪者指出：「一些擁有絕佳藝術技巧的學生卻沒什麼想法，他們拿到麻州藝術設計學院的獎學金，卻提不出創意……他們總是先打開電腦……我經常挨著他們的肩膀問你在看什麼？這是什麼意思？……他們總是想半天，或者就說想不出來。還有，即使他們有了構想，也常常做不出來，尤其是缺少清楚的『執行幫手』時。」另一位受訪者說：「從前的學生總是先看看這些材料可以做什麼，現在的學生只問要他們做什麼。」

夏令營營長也有類似的觀察，他們提到「話劇之夜」看到的改變，這項夏令營的傳統活動，由營隊輪流表演短劇。現在參加夏令營的孩子較常改編熱門的電視劇，而過去的孩子則通常演出自己編導的短劇。改編故事可能比較精緻，但自編的故事因為（較可能）獨一無二，所以有趣得多。藝能課老師與夏令營營長的觀察，與參與研究的各領域人士所提出的憂慮一樣——現今的青少年在創作上缺乏冒險的意願。

一位劇場導演告訴我們，現在的學生和他們的戲劇作品都比以往來得保守。二十七年前，他的學生製作了一齣非常前衛的《愛麗絲夢遊仙境》，採用超現實風格的舞台布景和突破傳統的燈光。今年，他的學生製作了同一齣劇，用的是同一個劇本，但這個版本走的是可愛甜美風，導演感慨，這些學生雖然很有才華，卻不了解劇本中較幽微的政治訊息。現在的學生比較會顧慮推出有挑釁意味的劇碼，可能會有潛在麻煩。學生的潛在麻煩不確定是家長、學校長官、同儕，還是其他團體人士，他們循規蹈矩過了頭。這些發現吻合霍華德留意近幾年學生後提出的看法——對正確答案、書面程序，以及精確分數評量的追求。

數位時代的想像力混搭

為什麼提出自己的創意對現今的年輕人比較困難，而寧願採用現成的構思？研究參與人員歸咎於網路提供的大量靈感懶人包，畢竟求助 Google，比自己絞盡腦汁容易多了。一位參與者指出：「典型的例子是在下雪天出門。有多少孩子真的到外頭去堆雪人或打雪仗？不是很多。他們都待在室內用電腦做一個雪人出來。」仍然有人會爭辯，如果最後的成果被視為是有創意的作品，誰會在乎靈感從何而來？當然，現成的構思還是可以用有創意的方式來執行。

問題是，關於學生以現成構思來進行創作的價值，仍在論戰中。即便許多備受敬重的權威人士稱許這種混搭文化，也有人不那麼樂觀。[13]電腦科學家與文化評論者藍尼爾在他所寫的《別讓科技統治你》一書中，感嘆混搭效應對個人創造力的影響。他說：「流行文化已經進入一種病態的懷舊。網路文化充斥著由過去事物重組後的瑣碎拼貼，以及集權化的大眾媒體孕育出的粉絲團。現今的文化只有反作用力（反應），而沒有作用力（行動）。」[14]

即便一個人極力以行動代替反應，以發明代替混搭，藍尼爾仍批評，數位媒體將不斷朝創造力丟出各種障礙。他使用「封鎖」一詞來形容使用者與電腦軟體互動時，只能接觸到十分有限的行為與經驗。在程式設計師（通常是一人獨斷的）決定下，有些行為是可能的，或是被鼓勵的，但除此之外的選擇並沒有被列在上面。

藍尼爾拿 MIDI 作為「封鎖」的主要例子，這是一九八〇年代發展的音樂軟體，讓音樂家可以用數位格式重現音符，由於程式設計師用電子琴作範本，MIDI 輸出的音符無法表現其他樂器的音質，如大提琴、長笛或人聲。藍尼爾認為，當一個人想把一件原本深奧難解的事物變得簡易淺顯，某些重要的東西將被遺漏（例如把適合類比的訊號轉成數位）。此外，由於 MIDI 是音樂軟體產業的早期進入者，也廣受歡迎，後續問世的軟體必須遵循 MIDI 界定的音符來演奏音色，才能與它相容。如此以來，便形成一種「封鎖」現象，早期的設計決定，劃定了後續創意行為的界線，MIDI 便是個好案例。

APP 或許是「封鎖」現象最極致的表現。有個名為 Songwriter's Pad 的 APP，可以在 iPad 上寫歌作詩。這個 APP 的用意是讓歌曲作者更容易把創作過程切分成幾個容易處理的段落，並協助創作者記錄構想與進度。同時藉由提供內建的靈感來源，如音韻字典與詞庫，協助創意激發。除此之外，這個APP還能按照指定的心情，如憤怒、渴望、愛或希望，生產出詞彙或片語。例如，按下「憤怒」鍵，會出現「你撕裂了我的心」與「怒氣沖天」一類的例句。創作者可以把他們喜歡的詞句輸入數位記事本，再用複製剪貼插進自己創作的歌詞裡。雖然這些特點或許確實能幫使用者突破創意瓶頸，但寫出來的歌可能會和著色圖一樣。著色圖必須在限定的框框裡，塗上指定的色彩；用Songwriter's Pad創作的歌曲，則被限制在設計者建構APP時所做的選擇。要形容憤怒，還有很多比「你撕裂了我的心」和「怒氣沖天」更有創意、更合適的句子，但只是因為沒有被放入APP的資料庫，被想起並成為歌詞的可能性就變小了。

如同Songwriter's Pad的例子所呈現的，當你找來APP協助創作時，便少了一些自主性。試想我們之中有許多人把瀏覽紀錄當作記憶備份，我們不再回想先前蒐集到的知識，只記得用過的搜尋關鍵字，並依賴它來為我們重建知識路徑。[15]雖然這個做法肯定有效，而且最好的情況，還可能帶給我們新的洞見，但其中我們自己的角色消失了。要像法國作家普魯斯特小說《追憶似水年華》裡的敘述者，下午茶時吃了一口蛋糕，就在腦海裡展開一段曲折旅程的情節，是完全不可能發生的。

我們可以在相關研究中看到類似的封閉迴路。研究不同媒介如何影響兒童提出具有想像力的答案，有一項調查將一到四年級的學童隨機分成兩組，給他們同一個故事。[16] 一組透過廣播聽故事，另一組則看電視，之後再詢問他們故事接下來的發展。研究人員記錄他們回答時使用的故事元素（如角色、背景、對話與感受），來評量這群孩童的想像力。結果，聽收音機的孩子回答想像力比較豐富；而看電視的孩子，答案裡比較常重複故事裡的詞彙。研究媒體的學者經常用這項研究來闡釋「想像力假說」，假定兒童經常暴露於現成的視覺影像，會弱化他們自行想像的能力。[17]

我們從想像力假說的觀點，回顧一下前述針對青少年藝術和文字創作的研究。參與焦點團體的人士指出，對現今的青少年，只要點一下滑鼠或滑一下手指，就可取得現成的視覺影像，網路提供年輕人前所未有的機會，接觸更多、更廣的藝術。相較之下，青少年接觸的文字媒介改變並不大，事實上，可能已經被影像媒介霸權所取代。的確，語言人類學家希思（Shirley Brice Heath）

觀察，電視與網路提供的視覺刺激日益增加，現今的青少年比較常說「你看了嗎」，而不是「你聽過嗎」或「你讀過沒」。[18]今天這些年輕藝術家可能是以這樣的視覺心象在創作，從這個角度看來，我們從青少年作品中看到較高的複雜性，以及有別於傳統的現象，說不定與開拓新疆界無太多關連，而較可能是新瓶裝舊酒。至於在小說創作方面，日漸保守與非正式用語的趨勢可能是反映出青少年經常使用的推特、簡訊與即時通上的俚俗化語言。（二〇一三年，波士頓學院在大學申請文件中，要求增加一篇四百字的散文，結果申請人數減少了二六％。[19]我們懷疑是否與上述的變化有關。）簡要地說，表面上看起來有創意，其實可能是冷飯重炒的成果。

除了限縮青少年的創造力外，數位媒介也打斷了有助於創意思考的心理過程。個體藉由對周遭環境的回應，產生新的想法，由於沉澱思考需要專注與時間（乍看與我們的直覺相反，單調無聊向來是激發想像力的利器），而這正是今天媒體充斥的世界最缺乏的。[20]拿遛狗這個簡單的行為來說，在手機出現前，繩子兩頭只有你和狗，這件日常的例行公事（對某些人可能是煩人的雜務），正好提供大腦神遊的時間與空間，甚至可能突然冒出新穎的想法。但現在，遛狗不過是另一個一心多用的機會。

認知神經學家葛夫曼（Jordan Grafman）在戴娜基金會發表的論文摘要上，對我們經常處於注意力切割的狀態相當關切，「我認為，一心多用與專心做一件事最大的差異，在於同時做多件事時，必須仰賴更多淺層的資訊，深入思考、研議或抽象思考的機會大為降低，這對創造力或發明不是好的處方。」[21]這項說法已經獲得驗證，一心多用的人比一次做一件事的人，認知處理較缺乏彈性，也較多不經思索的慣性反應。[22]

值得一提的是，打斷注意力有時候對創造過程是好的，尤其是靈光乍現的時刻。根據孵化效應，暫時離開工作可以讓人重新啟動認知資料庫，產生新觀點，並避免走入死胡同。[23]研究建議，何時暫停，最好由個人選擇，而不是外力強加造成中斷。[24]當然，今日的媒體環境仍然提供了充足的機會，我們還可以自主選擇暫停的時機。（假設我們不會沉迷臉書動態，或看YouTube影片到完全棄工作於不顧的程度。）但是無所不在的干擾，仍透過響個不停的電子郵件與電話，將我們團團包圍，一旦忽然沒聲沒息時，反而會令我們感到焦慮。

APP之外的環境影響

我們在談到數位媒體影響年輕人的時間運用與專注力時，如果不把他們生活中其他面向的重要變化一併納入思考，可能會失之偏頗。確實，我們的焦點團體成員對於教育環境的某些改變，阻礙年輕人追求創意的興趣，普遍感到遺憾。學校將準備考試作為課程編排和學習重心，藝能課程被冷落，甚至取消。一位教師感嘆：「過去讓學生可以表現創意的課程設計，現在多半都不見了，劇場、藝術……不同的選修課。」在貧困青少年為多數的學校，這種傾斜更明顯。在研究進行的同時，這些學校正面臨關閉的威脅，如果一定比例的學生無法達成當局規定的年度進步目標。

即便家境良好的青少年可能受益於校內較多的藝術資源，研究參與者留意到，受到嚴格控管的課外活動，讓他們在校外很少有機會運用想像力。少年時期「恣意浪費時間」是如此珍貴，許多充滿創意的藝術家與科學家對此回味不已。[25]但現今的課外活動已經淪為累積履歷的機會，學生盡可能用令人深刻印象的方式，努力讓自己與眾不同，期待取得頂尖大學的入學許可，然後拿到知名的實習機會和工作。連夏令營都遭受波及，夏令營營長也感受到父母要求為孩子提供書面「加值」的夏日體驗。因此，夏令營越來越注重結構，活動越來越目標導向。在如此貧乏的土壤裡，想像力難以生根，更別想萌芽。沒錯，學者已經發現，參與高度結構性的活動，會損害發掘問題的能力與創造力。[26]

至於工作場所又如何呢？像 Google、臉書與設計公司 IDEO 都聲稱，他們珍惜、孕育並獎勵員工創意，想辦法營造有利於想像力滋長的環境：新穎的辦公室格局、彈性的工作時間，例如 Google 有名的「第五天用來做自己設計的專案」。這類做法看似迥然異於教育圈和今日年輕世代厭惡風險的取向，但實則不然，原因有二。Google、臉書與 IDEO 這些公司，對於什麼是好答案或壞答案，有十分清楚的概念。更重要的是，這是經過批准的冒險，員工被告知，「這個情況你『應該』要冒險。」當然，這樣風險就不存在了。這樣說吧，這些制度設計與招募技巧確實能召喚某些充滿創意的心靈——已有不少書籍陳述過這些特質，幫助你了解自己是否「夠聰明到 Google 工作」。[27]這其實是對於不善於玩這類遊戲或使用這種 APP 的人的一種偏見。

讓APP發揮強化作用

雖然以上種種辯論與證據令我們感到憂心，然而，根據研究結果，我們仍有理由對APP與其他形式的數位媒體，在創造潛能方面感到樂觀。在本章一開始，我們分享了一些年輕人，包括莫莉，以充滿想像力的方式運用數位媒體，這也是我們研究的焦點團體成員所看到新媒體科技的正面案例：追求創意的門檻降低、年輕人的創作更精緻巧妙、提供年輕人更寬廣多元的創意機會。

一名在低收入社區工作的教育人員表示：「我會說科技有幫助……讓許多青少年更能表現創意，無論在音樂、機器人設計，以及音樂製作上，他們原本沒有機會。」麻省理工學院媒體實驗室創辦人之一，派柏特（Seymour Papert），以及他的同事，也是媒體實驗室的終身幼稚園團隊負責人雷斯尼克（Mitch Resnick）說過，新科技幫年輕的創意人「把地板降低，把天花板升高，牆面也拓寬了」。[28]

除了拓展更多創造的機會以外，也有證據顯示，某些媒體活動可以強化個人的創造力。在一項研究中，研究人員探討國中學生的陶倫斯創意思考測驗分數，與使用四種資訊科技——電腦、網路、電玩，以及手機之間的關連性。[29]結果發現六種型態的電玩（包括動作冒險、賽車、暴力電玩）與創造力都有正面相關。換句話說，玩越多電腦遊戲的學生，創意思考測驗的得分可能越高。但研究人員找不出電腦、網路或手機的使用時間，與分數有任何關係。

如果研究人員細看學生對以上科技特定的使用方式，他們可能會察覺其中有些活動是有助於創造力的。西班牙的研究人員研究了兩個數位工具，兩者都是設計來刺激大學生的想法與創意。[30]第一個是維基創意（Wikideas），使用維基技術協助進行腦力激盪，從產生新構想到評估其價值。第二個是創意連接器（Creativity Connector），是一個社群網絡平台，與維基創意合作匯集參與者，並協助參與者協同作業。參與研究者是主修軟體工程的學生，在專案型態的學習課程中，他們分組以維基創意和創意連接器，完成一項軟體開發專案。研究人員發現，這兩項工具對於學生的創意質量有很好的效果，而且促進團隊成員間形成有效且成功的合作。

這個案例裡，數位工具有兩個特色值得注意：支持與合作。創意發想過程中，最大的挑戰之一，就是起頭。維基創意幫學生克服了這項挑戰，在創造的創意萌發階段給予支持。維基創意並沒有幫忙提出點子，只是把他們輕輕推到正確的方向。這一點與Songwriter's Pad等APP一樣，試圖讓創作輕鬆一些。作曲家史特拉汶斯基曾說過：「藝術受到的控制、限制和審查越多，反而越自由……如果每件事我都可以做，看似最好，實則最壞；如果沒有事情給我阻礙，任何努力都不具說服力。我將失去前進的基礎，每一步都是無勞無功。」[31]只是，問題仍然存在：在刺激靈感與提供現成構想之間，那條分界線究竟該畫在哪裡？

社群網路平台——創意連接器的特色是可以讓人彼此串聯，並且支援協力創作。我們曾經看過其他具有相同功能的社群網路平台，如Figment、deviantART和LiveJournal。薛基在他所寫的《下班時間扭轉未來》一書中，稱讚數位媒體輕鬆、快速，並且用很低的花費就能與人們連結。[32]當年法國印象派畫家聚居在南法一同工作，薛基以此為例，主張協力合作是創造的核心要件。當協力合作得到支持與鼓勵時——如在線上協作一樣——創造力必能蓬勃滋長。

總結

APP給了我們探索自我的新形式，以及連結他人的新方法，同時也提供了運用想像力的新手段。照片APP讓使用者編輯修改照片，變換顏色、透視和焦點。音樂APP把手機和平板電腦變成小型錄音室，而繪畫APP則把兩者變成畫板。無論時間、金錢和技術門檻都很低，因此自稱是作者的人變多了，創作也容易多了。我們在這個章節討論過，創造的行為其實被局限在APP程式碼和開發人員設定的範圍內，如拉錫格（Lawrence Lessig）所說的，程式碼決定了創作成品。[33]你的繪畫APP裡可能沒有包括某種特定的綠色；音樂APP可能少了短笛的聲音，但使用者別無選擇，只能將就著用。在APP時代，藝術表達途徑或許有很多，但通常都受到重重限制。

研究創造力的學者有時會談論「大C」與「小c」兩種創造力。前者是指真正具突破性與獨創性，足以造成某個領域巨變的大作，如史特拉汶斯基的《春之祭》、畢卡索的《亞維儂姑娘》，以及瑪莎・葛蘭姆的《邊境》。相反的，「小c」泛指解決日常問題與適應變化的巧思。[34]從研究結果我們可以推論，數位媒體讓更多人可以從事創作，促成「中C」（中型創意）的興起，比「小c」更有趣、更令人耳目一新；但由於內建軟體的限制與難以深入，斷然難以產生「大C」的創新突破。這些研究也指出，數位媒體對於喜好實驗與想像的年輕人有解放的效果；但對於越來越多毫無異議、照單全收的年輕人，數位媒體會讓他們更加固步自封。

如同我們對自我認同與親密關係的考量，數位媒體並沒有（至少還沒有）完全主宰年輕人怎麼想、怎麼做。每一種情況都可以看到兩種場景：APP世代沉溺於依賴APP的舒適圈；或是藉著APP之力，建立了更深入、完整的自我意識，以及與他人更為全面的親密關係。在藝術創作領域，現象更為複雜。從麥克魯漢的洞見出發，我們描述了想像力在某種媒介（如圖像）上，比另一種媒介（文字）更容易受到強化。在討論創造力相關主題時，媒介的角色舉足輕重。我們也提到，無論距離遠近，與他人溝通變得越容易，越可能促進想像力的活化，同時，周遭如有強烈的專業和文化訊號，也是重要的影響因子。我們將在最後一章探討，這些複雜的因素如何改變人類社會的本質與人的意識。

Chapter 7

超越 APP 世代

我們不假思索就能做的重要事情越多，文明就越進展。

——懷海德（Alfred North Whitehead）

科技的烏托邦與反烏托邦

英國作家柏吉斯（Anthony Burgess）最為人知的大概是他一九六二年發表的長篇小說《發條桔子》，十多年後（一九七一年）被大導演庫柏力克改編為膾炙人口的電影，如今早已成為電影的「邪典」之作。[1]這部小說的大意是描寫一名年紀輕輕就熱切投入暴力、強暴，甚至謀殺的痞子艾歷克斯。柏吉斯形容他大致「具備，或許過度具備三項我們視之為人的基本特質」。[2]確切來說，艾歷克斯能說善道，喜歡美的事物，特別是貝多芬的音樂；醉心於暴力，特別是夜裡在都市巷道逞凶作惡。

為了讓艾歷克斯改邪歸正，當局批准對他採取「厭惡式治療」。在接受嚴格管訓的兩週內，艾歷克斯被注射藥物，被迫把暴力和極度的嘔吐感聯想在一起。很快的，他變成或許有點無趣，但個性平和的社會的一份子——套句柏吉斯的話，「被迫走上一條強制為『善』的鋼索上。」多年後回顧這本書，柏吉斯提出自己的信念：「出於自己的意志而作惡，總好過藉由科學洗腦而為善。」[3]

柏吉斯認為這部篇幅不長的小說，隸屬於文學和科學的烏托邦及反烏托邦傳統。在赫胥黎的《美麗新世界》，個人被刻意培植——從生命初期的受精和制約開始——注定被劃入某個社會階級，任由處置。[4]在歐威爾的《一九八四》，獨裁國家意圖將百姓完全洗腦，主角溫斯頓史密斯孤軍奮戰，想逃脫國家的政治箝制。[5]在庫柏力克的電影問世的同時，史金納（前面提過的兒童行為學家、心理學家）也出版了一本書，描述人活在行為完全被控制的社會裡，藉由強化某些特定行為（日常語言裡的獎賞和偶爾動用處罰），造成所謂的成果。[6]

柏吉斯鄙視所有這種「極權式」的想像，無論是烏托邦或反烏托邦。柏吉斯說：「很少人不會斷然拒絕歐威爾或赫胥黎式的惡夢。就某方面來說，我們寧可活在壓制、秘密警察和鐵絲網充斥的社會，也不要用科學制約，將快樂定義為做對的事情的社會。」的確，他說：「強制制約人的心靈絕對是邪惡的，不管用意多麼良善。」[7]

身為英國文壇的知識份子，對於以科技「改善」社會很不以為然的柏吉斯，應該對一個世紀前福婁拜《情感教育》中的世界感到比較自在。[8]儘管絲毫稱不上是落後——的確，對很多人來說，一八五〇年的巴黎代表了文明的巔峰——男主角腓德烈克和他的朋友所處的環境沒有進步的科技或媒體，他們的世界是書本、繪畫、藝術表演；股票、金錢、合約；八卦、調情、敵對；野心、成就和失望。那個世界沒有收音機、電影、電視，遑論電腦、基因操縱、藥理學或電生理學的制約。福婁拜沒有涉入過自由與自由意志的哲學辯論，雖然這顯然是腓德烈克和他的朋友圈很可能激辯的主題。（我們提過，他們醉心於交談這種古老的藝術。）但是對許多讀者而言，福婁拜大致的訊息夠清楚了：二十歲的生命充滿了希望和夢想，但其後的歲月帶來的，卻是可能性漸漸減少、錯失機會的遺憾，以及回憶過往的辛酸。福婁拜其他作品也充滿同樣令人窒息的訊息，最著名的是他對包法利夫人的描寫，那位美麗、熱情洋溢的鄉間妻子，糊塗的不倫戀，以及似乎免不了的悲慘下場。

不過那是在法國，顯然屬於舊歐洲。在比較狂野的世界，特別是美國，從十八世紀中的殖民地搖身一變，成為兩個世紀之後的政治、經濟、軍事強國，又是什麼氛圍呢？

我們可以從幾世紀以來，歐洲讀書人到訪美國的記載得到重要線索。[9] 這些觀察者印象最深的——我們趁機復習了主要作品！——是美國人實事求是、苦幹實幹、對國家法律和政治程序引以為傲；相較之下，他們對外國（特別是傳統歐洲）社會充滿無知和懷疑，對高等藝術、文化、哲學很不自在；還有，這點必須強調，他們對發明、技術、科技有不移的信心。福婁拜的世界瀰漫著對未擇之路的悔恨，在美國則鮮有這般氣息。加拿大的麥克魯漢和法國的埃呂爾在二十世紀的著作中，提到媒體和科技力量時，不必特別說明是指美國，但無疑的，他們認定美國是世界未來趨勢的領頭羊。如果世界將徹底被科技改頭換面，朝反烏托邦的方向發展，那麼這種轉變最可能發軔的地方，是美國。

超越科技決定論

柏吉斯若還在世，可能會很失望。在前述的APP世界裡，並沒有積極的主謀，沒有穆斯塔法．蒙德，那位《美麗新世界》裡後亨利．福特時代的世界掌控者，也沒有《一九八四》裡的老大哥，沒有佛雷澤——史金納的烏托邦著作《桃源二村》中的新型梭羅。科學家、科技人和企業家在散布全球各地的

「矽谷」，努力打造出二十世紀下半葉的科技軟硬體，我們沒有理由指控他們企圖塑造，遑論控制人類隨之而來的所有行為。事實上，這些數位先驅的動機各有不同：有人純粹對科學好奇，有人想追求金錢報酬，有人是想知道電腦在預測氣候、下西洋棋、雙陸棋或圍棋等等，到底能模仿（或超越）人類智能到什麼程度。有人可能是希望讓人類做事情更簡單，更得心應手。還有，近年來可能是想解開數位物體和神經物體，也就是矽和神經突觸能不能結合的謎題。早先的科技，像軋棉機或蒸汽機，還有早先的媒體，如電報和收音機，多多少少也是基於種種不一的動機（商業、競爭、好奇心或綜合因素）而發明的。

今天我們更接近這一刻。拜天天（如果不是時時刻刻的話）使用數位科技之賜，我們可能正在重新養成與塑造所有的習慣，有可能我們會覺得這樣也不錯，現在就有人這樣覺得。的確，美國人現今對「快樂」的熱中——這似乎是美國人特有的執著——可能反映了一種信念，認為我們可以時時刻刻保持積極正面，避開問題、災難、衝突，甚至避開可能功虧一簣的挑戰。[10]（但如果只有成功才是可能的，那根本稱不上挑戰。）

所以，如何來描述實際的情況？我們身為作者——身負綜合整理的職責

——又作何感想？無疑的，「科技」（此處的引號是故意的）在我們生活中所占的比重，是人類有史以來最高的。科技五花八門，這是好事，而影響力最大的，特別在年輕人之間，是無所不在的APP。啟動程序，達成目標，越快越好，越好玩越棒。到目前為止，我們的生活當然大過我們使用的APP的總和，但是APP的影響越來越無孔不入，我們相信也越來越具有潛在的危害。因為APP的廣泛和易得形成了一種APP意識，一種APP世界觀：無論我們想要達成什麼，都有明確的方式可以如願。如果我們夠幸運，擁有正確的APP組合，更宏觀來看，如果能夠得到「超級APP」，我們便能過某種生活、用某種方式對外界展示。開個玩笑：有了正確的APP組合，就可以獲得全然hAPPy的人生？

在前幾個章節，我們闡明了APP世界觀如何形成或限制年輕人面對青少年時期的重大挑戰。就自我認同而言，他們會有壓力想要表現自己是出色、討喜的，想要掌握所有的跡象與線索，來確認他們過早形成的自我認同。同樣的，就親密關係而言，去宣布或定義你跟其他人的關係，可能會讓你無法全面探索，這種全面探索雖然比較容易受傷，但也更能讓你與真正重要的人發展更深入、更長久的關係。最後一點，關於想像力和創造力，比較正面來看，數位科技給個人和群體帶來巨大的突破潛力——如果我們能利用APP在既有基礎上加強（成為APP賦能），而非任其壓迫、限制我們的手段和目標（成了APP依賴）。

請各位別忘了，以上的描述是針對性的，主要適用於富裕、已開發社會的中產和中上階級年輕人。（和七十年前艾瑞克森與和理斯曼描述的是同一群。）我們的研究並不針對藍領年輕人，也不針對經濟、社會或人口的弱勢族群。儘管如此，讓我們有點意外的是，我們的受訪者所描述的情節，發生在社會的各行各業。教師同樣被科技黏住了，同樣不太敢冒險（大部分人是這樣的），而且汲汲地在數位世界打造理想的自我形象。弱勢年輕人的父母同樣極力保護下一代，讓他們免受挑戰和阻礙，而且為了確保小孩能隨時使用智慧型裝置也付出不少。如同人類學家希斯指出的，如果你的人生逆境多於他人，你可以接受種種挑戰，為自己創造新的機會；也可以逃避了事，不管是吸毒，還是打電玩打到天荒地老。[11]

可以確定的是，即使我們對現下年輕人的描述切中要害，我們仍永遠無法證明，這些特質是科技氾濫造成的直接或主要的後果。我們根本不可能控制所有的必要條件，做出適當的實驗。我們無法把一個州、一個國家或整個地球分成兩組，一組可以任意使用各種數位科技，另一組則被擋在外頭。（要陳述任何工業技術造成的後果，從槍枝到電視，都有這種限制。在民主社會，我們無法對實驗組訂出隨機分配的黃金準則。）我們能做的，頂多像一位有說服力的律師或優秀的倡導者一樣，就是整理相關的論點，就我們所觀察的情況提出最有力的證據，並解釋其存在可能的原因。

如果科技不再發展……

思考這個難題的方法之一，是去想像如果電腦在一九五〇年後就不再進化——那是理斯曼和艾瑞克森發表關鍵性著作的那年，也是霍華德進入小學的那年——自我認同、親密關係和想像力會如何演變。科學上我們稱之為「思想實驗。」沒有桌上型、筆記型、平板電腦，也沒有全球資訊網、網際網路或社群網路，霍華德可以毫不費力地想像這種世界，因為他（以及他之前的世代）就出生在這樣的世界。而凱蒂就很難想像，如果她遲到或迷路時，沒有手機該怎麼辦，這對莫莉或霍華德孫子輩的人來說，簡直是無法想像的事。

（舉例而言，霍華德從他獲准旁聽的年輕人對話中，聽到他們在討論開車或遛狗的時候怎麼打電話給家人朋友，他們感嘆，如果那些時候不能通話的話，大概就無法跟生命中最重要的人連繫了。事後霍華德提醒這些參與者，在他們父母和祖父母小時候，手機可還沒有發明。）

我們可以從二十世紀的科幻小說，像是以艾西莫夫（Assac Asimov）、布萊伯利（Ray Bradbury）、海萊因（Robert Heinlein）、勒瑰恩（Ursula K. Le Guin），還有柏吉斯的作品，看出對二十一世紀世界的預測。顯然數位世界就算實際不存在，想像力豐沛的作家和觀察者還是可以想像出一個令他們興奮的數位烏托邦，或者令他們憂心的數位極權世界。但是假設沒有科技創新，我們預測的世界會真的發生嗎？

我們猜最可能是這樣：即使科技發展在二十世紀中葉停滯不前，我們前面所描繪的年輕人特質仍可能發生。例如，現今年輕人不太願意冒險，因為他們相信做任何事情都有一個最好的方法，也就是找到對的APP。如果因為某種原因，資源急遽減少或競爭突然變得很激烈，即使這些科技沒有出現，這些特質仍然有可能發生。因為進好大學、找好工作，長久以來一直是年輕人（和家長！）的目標——這點可以理解。當機會處處都有，便比較不需要走筆直而狹窄的路，可以去嘗試更多的機會，去打造新的路徑。（霍華德那一輩都受益於那個短暫美好的時代。）但是如果基於某種原因，這些目標很難達到，那麼大家想走人多又安穩的道路，是可以理解，也可以自圓其說的。

另一個我們看到的特質，似乎與數位革命關係較密切。例如，我們很難想像沒有手機，學生怎麼隨時互相連繫，這對建立親密感顯然很重要，如我們前面提過的，對產生認同感亦然。數位科技劇烈改變了人類創造、散布新知識的能力。霍華德年輕時必須花幾天、甚至幾個星期才能追蹤到的訊息——他還記得他在圖書館找資料的次數，真是數也數不清（而且往往徒勞無功）——現在彈指之間就可在網路上找到。同樣的，各種發現、請求與反請求，也進入了二十四小時不間斷的資訊洪流中，這股洪流如果算不上擴大了知識的領域，至少也徹底改變了知識的輪廓。我們從文學語言和圖像繪畫這兩種媒介，已經看到它對創造力顯著的影響。數位時代團隊創作的優缺點，不管是大的「群眾外包」（sourced crowd）或小型網路沙龍，仍有待評估。

目前為止，我們只提到某些科技（或者一旦沒有這些科技）帶來的影響。當然，以前的世代還受到很多其他因素催化，年輕的人生顯然有部分會被劃時代的政治和軍事事件所定義，像美國的獨立革命或南北戰爭，法國、俄羅斯、中國各自的政治革命，一、二次大戰各地的戰役，還有越戰、伊拉克（或中東、巴爾幹）衝突。如我們所說的，除了科技之外，其他事件也可以形成世代的意識，不管是金融（經濟大蕭條、消費社會興起、次貸危機爆發）、天災（火災、瘟疫、地震、海嘯），或人為事件（阿波羅號登陸月球、挑戰者號爆炸、世貿雙子星被攻擊）。

要找出其他造成影響的因素，本身就是可敬可佩之舉。即使我們無法想像，若沒有過去半世紀的科技，現在的年輕世代會是什麼面貌；但單單科技並不會、也沒有辦法起什麼作用。無疑的，科技、金融、政治、軍事、自然等等人為的劃時代事件會產生交互作用。最謹慎的世代意識研究者必須嚴謹地追溯這些因素和它們之間的交互作用。[12]（想了解美國民權革命或同時間發生的女權運動，都應把事件集合起來檢視。）我們相信，對觀察者來說，有必要退後一步思考，見樹也要見林。這也是我們介紹並創造「APP世代」一詞，所嘗試做到的。

還有一點我們得盡量強調清楚：本書許多描述可能會被視為對目前世代的批判，諸如「逃避風險」、「依賴性強」、「膚淺」和「自戀」等特質，在書中一再提出，甚至大量談論；然而我們必須強調，我們絕對無意指責APP世代的成員。顯然，這些特質的產生，絕大部分是他們的上一輩教養（或教養不當）的結果，所謂上一輩指的是霍華德和他的下一代。如果一定要指責，也該指責他們，而不是目前的青少年和年輕成人。

不假思索就能做的事情越多，文明就越進展？

本章開頭引用了哲學家懷海德的話——「我們不假思索就能做的事情越多，文明就越進展。」數位科技人對這句話可能都不陌生（霍華德第一次聽到是一位科技領袖講的），我們一直到本書寫作尾聲才看到它。乍看之下，這句話說得很貼切，我們不禁點頭稱是：沒錯，我們重視那些發明，它們讓原本可能耗掉我們不少時間、精力的想法和行為，變成不費力的習慣。的確，我們可以想出許多人的發明（從電腦語言到信用卡），把以往複雜的操作變簡單，讓我們得以將心力投注在其他更重要的事情上。沒有一大堆節省勞力的機器解放我們的雙手和頭腦，還會有文明嗎？幸好有「文明的飛輪」！

不過我們越想越覺得，懷海德所講的似乎好壞參半。當然，大部分人都認為越自動化越好，心理學的兩個對手——行為學派和建構學派——也都會這麼認為。但是我們會想把每件事情都自動化嗎？誰來決定什麼事情比較重要？如何分辨哪些是行動，哪些又是行動的結果呢？柏吉斯犀利地提出對照的例子：行為野蠻的艾歷克斯太過我行我素，搞得亂七八糟；但過於教化的艾歷克斯卻完全喪失了決定的能力，他的一切都被外力給修正和塑造了。（還記得《頑童歷險記》的結局吧，「我想我最好早一步出發到印第安領地，因為莎莉阿姨說要收養我、教養我，我可受不了，這我早有經驗了。」）[13]

當我們思考數位（特別是APP）革命對社會的影響時，我們必須不斷問這個問題：我們是否要把最重要的事情全都自動化；還是只排除掛礙，以便更聚焦、清明、全神貫在最重要的議題、疑問和未解之謎上？

三－之外——宗教與倫理範疇

我們的研究傾向從心理學角度來研究年輕人。身為在後理斯曼及後艾瑞克森時代的學者，我們把焦點放在自我認同、親密關係、想像力等議題，應該是說得過去的。（如果我們研究的是小孩，可能就會討論信賴、自動自發的精神或勤奮；如果我們聚焦於年紀較大的族群，就會想到親職或品德。）不過我們還應該碰觸其他可能被數位科技廣泛影響的領域，特別是現在大家正在重新檢視所謂的生命階段和生命週期。

首先來談宗教。某方面來說，宗教（特別是西方人所認知的宗教）可以很輕易地用「APP」術語來思考。許多宗教儀式，或者說大部分的儀式，都可以視為一個個APP，當然，它們並非從裝置下載而來，而是人自行發起編排的。的確，禱告或儀式只有依照規定的程序進行才有效。仔細想，我們可能也可以把宗教人生，或是美好、恪守本分活著的人生，視為一種超級APP——竭盡所能效仿聖徒的生活，避開貪婪、嫉妒等罪惡（或罪人）。

但有點矛盾的是，就某些方面來說，APP世界似乎又跟宗教或傳統宗教組織是對立的。現在的年輕人，至少在美國和歐洲許多地方，比較沒那麼虔誠，當然也比較沒有正式信仰，對宗教組織比較懷疑，較願意改變宗教信仰或嫁娶不同信仰的人等等。顯然這些潮流並不光是因為APP的緣故，有些早就發展了幾百年，至少也有幾十年。不過，五花八門的APP可能促使我們用自己的方式去信奉宗教，或是自己的靈性，不管我們的信奉方式跟這鎮上、這附近或跟隔壁房間的人相不相同。的確，這種探索可以利用各種APP來幫忙，從「給上帝的紙條」（Note to God，不管你信什麼教，都可以用這個APP寫紙條給上帝）到「佛陀寶盒」（Buddha Box，提供誦經和梵音以協助打坐）。[14]

我們在這裡又碰到同樣的問題，要被APP迷住，對它產生依賴，還是要選擇善用APP。現成的禱告或儀式APP讓我們比以往更容易依賴科技。宗教APP的氾濫使我們可以選擇不同的信仰系統和奉行方式——民主社會的宗教比較沒有被老大哥控制的風險，反倒比較可能充斥稀奇怪異的混合宗教。當然，APP只是一個變數，大膽、愛搞怪的人會調製出自己的宗教（或無神）飲品，其他人則會繼續追尋真正的信仰。

跟宗教密切相關的是道德和倫理。經過多年針對「善行」的研究，我們的研究人員很自然地也會去調查新興媒體，對隱私、保護智慧財產權、誠信、信用、公民等令人肅然起敬且充滿道德意味的議題所造成的影響，這是我們「Good Play 計畫」的一部分。[15]我們早就了解到，新媒體的種種層面，包括速度、公共性質、資訊容易取得、容易轉交、容易轉換、可以匿名，也可以創造多重身分，正在開創一個虛擬的蠻荒大西部。我們過去以為已經解決的道德問題必然會再冒出來，有待我們重新檢視，重新概念化。

來歸納一下我們的主要發現。首先，各個年齡層的道德傾向並沒有很大的分歧。也就是說，二十幾歲、十幾歲和成年人的相似程度大於歧見。其次，任何年齡層都找不到自動自發的道德或模範公民。受訪對象都說，他們之所以避免犯錯，主要是怕被懲罰（如果我違法把這個檔案送出去，我會被逮到、被處罰）；很少人會說或暗示他們是出於純粹的道德動機。那些會選擇道德之路的少數人，大部分是因為自己看過道德侵犯所造成的傷害，所以想盡一己之力阻止這種事情再度發生（當別人把我寫的歌詞說是他寫的，我感覺很不好）。比較正面的是，許多年輕人感嘆他們沒有人生導師作他們的楷模，讓他們知道怎麼處理道德難題最好。也許當這類楷模出現時——可能是有智慧的老人，也可能是有智慧的年輕人——年輕人在網路上的行為就會開始追求道德，也會符合更高的標準。[16]

數位時代的道德可能有個較陰暗的層面，即使有些人相信道德應該由自己定奪（政治理論學家伍爾斐〔Alan Wolfe〕稱之為道德自由），但是主張道德乃不證自明的人卻多得驚人。[17]有這種感覺的往往是矽谷人，或是提倡數位自由團體的成員。Google 的座右銘「不作惡」（Don't be evil），有著很明顯的信念，就是心懷善念就會行為正直。不過，依我們對人類行為的了解，人很容易相信自己的動機純正、行為良好，即使知情的觀察者並不以為然。[18]人也很容易以為，心懷善意的人看法必然跟自己的觀點一致。（如「我們需要保護個人隱私」相對於「人們真正需要的是完全透明」。）真正的道德必須能深深自我檢視，跟懂的人討論，也願意承認自己錯了，下次會努力做得更好。這些實際做起來，遠比單純描述符不符合道德，來得困難多了。（在玩魔獸世界時故意誤導菜鳥無妨，畢竟那只是遊戲。）

換個說法，APP或許可以幫助我們更加意識到道德的難題，但在某些情況下，並沒有十足把握能夠指出一條最佳道路。注意啊，懷海德先生！

在多年研究的基礎上，我們其實已著手為處於數位世界的人（幾乎人人都置身其中）加強道德教育。其中一項是「新媒體識讀計畫」。我們為中學出版了一本談探討道德個案的《我們的空間》，另外還跟「常識媒體」（Common Sense Media）合作，為中小學出版了一本數位公民指南。[19]

我們無意聲稱自己對隱私、智財權，或對於身為虛擬社區成員的意義等傷腦筋的問題有確切的答案。這些問題都太新，領域變動太快。我們只能努力提出困惑難解的問題，讓年輕人加入討論，談談他們碰到某種情況的時候會怎麼處理，會有什麼後果。舉例來說，他們會討論一個女孩在臉書貼文，講些對她的家庭有傷害的話，或是一個男孩散播別人寫的歌詞，而不提原作者，或某個人傳了一張某運動員在一場重要比賽前一晚行為不堪的照片等等情況。我們引導他們討論的方式是引述法條，跟他們說明普遍接受的做法、這種行為可能受到的懲罰，還有比較好的回應模式。

表面上這些討論針對的是年輕對象，但最後老師、家長等長輩從這些討論獲益的程度並不下於他們。[20]重要的是，這正是當代生活的樣貌，雖然大家年齡、背景和感受各有不同，但彼此都可以互相教育，討論什麼做法最好。

APP時代的教育

最後我們來思考一個可能最重要的問題：數位媒體正如何影響，而未來又將如何影響教育？我們先來談一件牽涉重大，卻有待大家認可的事實：教育不再只局限在中小學或從小學到研究所，而是一輩子！教育（錯誤教育也是）的起點最早從幼兒玩手機、平板或遙控器就開始了，而只要一個人還想積極投入世界，教育就會持續進行。（由於認可這個現實，霍華德一直在遊說，想把他任教的哈佛教育研究所改名為哈佛終生學習研究所。）

數位裝置帶來個人化和多元化的程度，是以前完全無法想像的。[21]一個人要研讀或獲取一項技能，可以在他想要的時間，以他的步調，單獨或結伴，也許有獎章證書、也許沒有；不再是單一強制的方式，規定每個人該怎麼受教育或自我教育。一體適用的課程和教學，就算無法提起公訴，也已經不合時宜。

數位媒體讓我們能夠用各種不同的方式，進入並掌握重要的主題和技能。現在有很多方式——牽涉到許多媒體和不同程度的自發性——可以學下棋、彈鋼琴、講法語、認中文字，以及獲得經濟、統計、歷史、哲學知識。還有，在我們的時代，數位裝置也讓我們除了跟身邊的人合作，還可以跟遠方的人協同作業，這在以前是不可能的。這些都是好的發展！

數位時代的學習也有較不好的面向。一是對大學在校學習造成威脅。沒錯，在校學習很昂貴，效益也不見得馬上看得出來。如果坐在家裡就能學好一套設計優良的線上公開課程，又何必花好幾千美金，搬到另一個城市？但是跟一群人一起學習，由學有專攻的老師或導師陪伴，是有它的理由的，無論你是在文學院或法律、醫學、護理、工程等專業學校。很多重要的事情很難、也很少能用講的。每天跟著實際在做，而且做得很好的人身邊學習，學得最好。六十年前，哲學家博藍尼（Michael Polanyi）就指出，我們可以終其一生在世界的偏遠角落閱讀科學，但是浸淫在文字中，永遠比不上在已開發國家好的實驗室待上幾個禮拜。[22]我們不妨想一想，我們會想給一個認證考試得高分，但是從來沒有跟同儕和導師，肩並肩一起實際工作的人開刀、造橋，讓他幫我們在陪審團前說話嗎？

如果APP心態被加諸在終生學習教育上，可能導致更危險的情況。美國白人政策擬定者的共識影響了全世界，大家都相信有一套值得學好的知識（典型的是科學、科技、工程和數學這四項，本身就是個「APP四重奏」），有一種最好的呈現方式和評量方式。（最具代表性的，是美國教育測驗服務社所辦理，在電腦上答題及計分的複選題測驗。）也有人夢想（或是作惡夢？）可以根據在這些號稱公平而全面的工具，幫所有學生、老師，甚至所有國家排名。霍華德過去研究有高度創造力的人，包括畫家畢卡索、詩人艾略特、舞蹈及編舞家瑪莎葛蘭姆、領袖甘地，幾乎不會有人在這種評量中可以有傑出表現。[23]在現代藝術家當中，可以說普林斯頓大學若沒有畫家斯特拉（Frank Stella）就貧乏多了，就像哈佛若沒讓大提琴家馬友友或詩人艾許伯瑞（John Ashbery）、演員利思戈（John Lithgow）入學就遜了。（我們希望這些人也珍惜他們所受的博大的人文教育。）

無疑的，對某些人來說，「以客觀評量實現目標教育」是可取的。我們不懷疑有些人濫用了制度，縱容太過主觀或太過多元的評量方法，但我們一樣相信，教育茲事體大，而且相當精細微妙，絕不能外包給美國教育測驗服務社，或是被芬蘭教育家薩爾伯格（Pasi Sahlberg）挖苦為「美國白人細菌」的全球教育改革運動。[24]霍華德以健保為例評論說：「提到健保，常會提到葛文德（Atul Gawand）愛用的清單檢查表。但教育從許多方面來說都是一門藝術，最好聽從外科大夫古柏曼（Jerome Groopman）的勸告：聆聽，仔細聆聽，再更仔細聆聽。」[25]現下美國白人執迷用客觀評量法對某些表現打分數，卻對人類不同的天賦和熱情無動於衷，這讓我們對過度依賴APP的教育方式感到憂心。

其實我們自己的研究工作就碰到這個難題。在研究「善行」時，我們試著把這種行為特徵定義清楚，[26]但是我們為道德行為下的定義，卻被一群印度同儕老師小心翼翼地校準成一份總分十分的量表。乍看之下，這份量表把我們的想法表現得更清晰，很了不起，然而，它似乎也暗示道德的評估有一套精準的方法，而實際上那是做不到的。霍華德對那個評分系統的想法是，設計者想得既周到又勤快，但系統或許沒它看起來那麼有用。霍華德的建議是：「為何不單純指出學校在道德教育領域，是朝哪個方向前進，用朝『上』的箭頭表示有進步，朝『下』則表示有待加強？」

霍華德主持一系列對談，讓大一生反思他們的生命，他問了十幾個學生，他們希望參與對談能獲得什麼。[27]有個學生的回應讓他很驚訝：「我不想去想沒有答案的問題。」霍華德把這個回應記在心裡，沒說什麼。對談結束後，霍華德花了點時間和那個學生在一起，知道他打算主修生物（當外科醫生），還有哲學。傳統上哲學鑽研的是沒有答案的問題，至少是沒有輕率或明確答案的問題，因此霍華德問那個學生，為什麼不想花時間在沒有答案的問題上，學生回答：「我不喜歡大家圍個圈圈，講些有的沒有的。」不過他也承認，他對哲學有興趣，但他又相信所有問題都要有清楚的答案，這兩者是格格不入的，這點在霍華德看來是再明顯不過的。我們懷疑這位成長於「APP世界」的十八歲學生，對於缺乏目標的談話沒有耐心。這種似乎普遍存在的感覺，對傳統人文學科的研究來說可麻煩了，如果你相信所有知識都（或都應該）受演算法影響，最後產生一個公認的正確答案或「產品」，那就很難對文學、哲學、歷史保持興趣。

事實上，學生的心態有兩種，正好反映了本章開頭引用那段話所蘊含的謎題。用功的學生解讀懷海德的話，會乖乖地盡量把生活上的事情自動化，不管這意味著學好人體解剖學，以便進行專業的手術，或是避開漫無目的、浪費時間的聊天。但是，我們如何預知在開刀房碰到意外狀況，需要根據哪個艱澀的解剖知識立刻做出判斷？而晚上聊天鬼扯時，哪句不經意的話可能讓你及時重新思考人生的重大決定？

很奇特的是，今天那些公開談論教育方法和目標的人，兩邊落差很大。一邊常常談論二十一世紀必備的技能：「四C」，批判性思考（critical thinking）、創造性思考（creative thinking）、合作（collaboration）和社區精神（community），尤其企業領袖最常提到這些。[28]另一方面，美國幾乎所有從事教育的權威人士（或者，更確實的稱呼為教育家）都主張採行約束性的課程，以及頂多只能抓住過時技能的傳統標準測驗。雙方在辯論中都提到數位學習，特別是APP，偏向開放式技能的一方，著重的是數位世界賦予能力的特質；而捍衛傳統技能的一方，則想利用數位媒體來提高現行教學成果與評量的效率和有效性。

我們現在直接談教育APP的世界。我們的調查顯示，大部分，甚至可以說是絕大部分的教育APP都鼓勵用數位方式來追求傳統教育的目標和方法。這些APP使用便利、設計俐落，有時甚至會讓人上癮，可以達到過去時代所設定的目標——掌握觀念、學會運算、認得地理位置或歷史人物，或者重要的生物、化學或物理過程，我們可稱之為「數位教科書」、「講課」或「預先安排好的教育對話」。數十年前，行為學家史金納曾呼籲發展讓傳統教室自動化的教學機器，好讓學生用自己的步調學習，答對了就提供正面的回饋，漏掉的就重複再問，或以另一種方式提問。[29]贊成史金納心理學派及其衍生的教育方法的人，很容易認同現在的APP，對其順暢迷人的介面也可能會點頭讚許。

如同將軍打的往往是最後一場戰爭，第一代的教育APP很像前APP時代的教育，也就不令人驚訝了。（事實上，權威如麥克魯漢也說過，新媒體的內容開始總是新瓶裝舊酒。）但就我們看來，經過驗證為真的道路，代表的是錯失的機會。（更何況我們公立教育系統改變的步調遲緩，正規課程一旦被採用，便會持續好幾年。）

讓我們把這項教育的挑戰倒過來。新媒體新近促成了那些特點？我們要如何創造與運用這些APP，才能將這些特點利用到極致？

APP開發者的責任

依我們所見，新媒體帶來了兩個嶄新的機會。**一是可以發想和塑造自己的產品。**從第一代網路（Web 1.0）進入到第二代以後，我們已經沒有理由僅僅回應別人創造的刺激了，不管那有多棒、多誘人。相反的，任何人只要有智慧裝置，都可以開始擬草案、發表、記錄、跟人連結，創造出思考、藝術或科學作品。簡而言之，每個人都可以成為自己知識的創造者。

第二個機會，是讓我們能夠利用多元的方式來理解、知道、表達和批判——套用霍華德廣為人知的用語，就是多元智能。就在不久以前，教育一直受到強大的約束，只注重兩種人類智能：語言和數學邏輯。（的確，語言智能直到十九世紀末都被擺在第一位；到了二十世紀，數學邏輯智能取得同等地位，如果不是更高地位的話。）數位媒體讓更多、更廣泛的智能工具得以產生，不但讓人們擁有更多表達和理解的選擇，也讓年輕人接觸到不同的知識和形成過程。它為所有人帶來更多的表達形式，尤其是個人強項不屬於傳統語言和邏輯領域的人——例如未來的建築師、音樂家、設計師、藝師，甚至創新軟體的創造者。

該舉個例子了。我們來看看一個很棒的APP，叫Scratch，是我們很敬重的一位麻省理工學院的同事雷斯尼克和他同事在過去二十年間開發出來的。這個APP建立在派柏特首創的Logo程式語言——建構主義教育的原型——之上。Scratch是個簡單的程式語言，連剛進入學齡的小孩也會用，把拼塊似的形狀組在一起，就可以創造出自己的訊息、故事、美術作品、遊戲、曲子、舞蹈或動畫卡通。真的，幾乎任何格式、任何形式都可以。世界任何地方的人都可以來看這些作品，表達意見，根據這些作品繼續發展，甚至可以用他們自己喜歡的符號系統進行再創造。

Scratch的天才之處有兩方面。首先，它開啟了豐富的表達方式，幾乎每個小孩都可以找到符合他們目標、長處和想像力的表達方式。其次，教育的目的和優先順序不再是從上而下來決定，而是從小孩自己在Scratch世界探索浮現的。就此而言，對於相信知識是由經驗建構出來的人來說，Scratch讓人愉悅而自在。使用者不但可以打造自己的意義形式，建立他們個人重視的知識，還體現了認知學派的主張，即學習的道路是主動的，一路從犯錯中學習，然後以自己和別人的回饋作基礎，修正道路再繼續前進。

話說回來，就像野蠻人拿到鐵鎚只會到處亂捶，Scratch 也有可能遭到濫用，不見其優異之處，反而把它變成另一種行為管理工具。當成人，大部分無疑是善意的，「綁架」Scratch，只想利用它來達到傳統教育目標和方法時，就會造成這種後果。舉例來說，在一個信奉行為學派的教育的環境，Scratch 可能被用來當成畫靜物的特定方法，或一種特定模式，教人怎麼寫數學分數，寫句子、段落或文章。

因此我們認為，APP 本身絕非通往某種教育目標或哲學萬無一失的管道。在什麼狀況下使用，還有教育人員（包括在教室、家裡、畫板前或電腦螢幕前出版教育品的人）安排的優先順序，同一個 APP，可以有「造成依賴」或「賦予能力」兩種結果。

不過，這不表示 APP 的開發者沒有責任。設計 APP 的人可以把它導向依賴，內建強大的指導和限制。像我們前面討論到的，可以在 iPad 上寫歌作詩的 Songwriter's Pad 即是。它可以讓你點選心情，然後給你一串帶有那種心情的字句選單，讓你把這些字句塞在歌或詩當中。我們不懷疑有些人可以用有創意、意想不到的方法來使用這個APP。不過，Songwriter's Pad本身內含的限制，給你整包「掐好」的詩詞字句，讓我們倒向依賴。相反的，設計APP的人也可以讓它傾向賦能，就像Scratch，是開放的，提供多種表達方式，不會限制使用者的反應。

把APP當鷹架，適時拆掉

我們也不認為大人，無論家長或老師，沒有責任。他們可以視家裡或學校的狀況，告訴小孩APP只是為了達到某個教育目的——最典型的是「掌握前人智慧」，那是教育多年來的旗幟——最新、最有效的工具。他們也可以告訴小孩，APP代表一種新管道，讓每個人開拓不同的道路，把自己的理解形式記錄下來，問問別人的反應，不管是本來就很懂的人，還是從這項產品或計畫中學習的人。

舉個例子來說，以創新的電視節目《芝麻街》而聞名的芝麻街工作室，在二〇一三年夏天推出了一個新的APP「跟著大鳥學認字」（Big Bird's

Words）。開發者說，這個APP能幫小孩打基礎，讓他們學新字。它利用文字辨識技術，讓小孩認出環境周遭各種不同的字——這些字都已分門別類。從這個APP的線上示範影片可以看到，有個三、四歲的小男孩正在看食物類表單，他選了牛奶這個字（每個字旁邊都有圖片），然後他把智慧型手機對準一個牛奶盒。大鳥就說「牛奶」，並恭喜小男孩找到正確的字。

如果用賦能的精神來使用這個APP，小孩會受到鼓舞而探索周遭的字，把字跟日常生活結合在一起。或許它會讓小孩進一步探索周遭更多的字，儘管那些字未必出現在這個APP字庫裡，小孩在探索時仍可以跟父母或兄弟姐妹討論。但如果用依賴的心態使用這個APP，小孩可能會過度依靠它來認字，有些小孩甚至可能以為只有APP字庫收錄的字才值得認識。從這個角度來看，用依賴心態來使用APP，反而限制孩子探索世界並從中學習。

因此，我們期望有心的大人，不管是新手父母，還是代為照顧的睿智長輩，預備好孩子接觸和使用APP的情境。把APP推向彈性使用的方向，用APP當作鷹架，適時拆掉，規定孩子在什麼時間、什麼地點，要放下數位裝置和APP，自己去找答案。這些都操控在我們手裡。

《紐約時報》「省錢旅遊達人」專欄作家庫格（Seth Kugel）曾談到他不再依賴旅遊 APP 後所體會到的自由：

> 我相信，每個人在使用龐大的線上旅遊資料庫時，都應該要有所節制。留個一、兩天隨性玩耍，在首爾的捷運站跟陌生人問問，花一天去逛逛本來只是要停下來加油的義大利小鎮，順著直覺找到屬於你自己的巴黎小酒館，也許你後來會發現它的庫克太太三明治在旅遊網站 TripAdvisor 已經被推薦了七百一十七次。但是誰在乎？你可是自己發現的呢。[30]

教育的目的

著手寫這本書時，我們都還沒想到懷海德的教育著作，儘管本章開頭引用了他的話。我們發現，懷海德在他的小著作《教育的目的》中闡明他自己對教育的看法，非常有幫助。[31]懷海德審視一個人成為博雅之士的過程，發現有浪漫、準確、概括這三個階段。

依他所見，真正的學習是在初遇到一個問題、一種現象或一個謎，覺得興奮、感動、受到啟發或刺激才開始的，這就是浪漫階段。但是，除非著手取得工具，可以對原先誘惑你的現象有更扎實的了解，否則你就會卡在這一關，覺得越來越無聊、疏離或焦慮。（當然，有很多方法可以進入準確階段，從嚴格的行為學派方法，到彈性、鼓勵探索的建構學派方針比比皆是。）最終，獲取的知識或技能都需要被放在更廣的脈絡來看，跟其他知識和理解的形式比較，讓最初的浪漫相遇，促成更進一步學習。

請注意，我們並不是說學習前人建立的知識不重要。我們不相信個人能夠或應該靠一己之力建立所有的知識，那太荒謬了。新的知識必須建立在前人或團體已經深思熟慮的穩固基礎上。套句阿諾德（Matthew Arnold）的名言：我們應善加利用目前在世界各處的已思和已知。[32]

我們的重點不同。說得直接一點，對於通往準確階段的道路，我們並不太擔心，路很多。我們在此想督促大家的是，APP 有能力，並且也應該促成最初的浪漫機遇，呈現到達準確階段的多元方式，最終提供豐富的機會，讓人以奇特也好、正常也好的方式來利用所學。無論是有範圍的教育目標，譬如學會乘法，或是更廣的教育目標，例如了解科學知識如何被創造、使用或誤用，都應該抱持這種態度。確實，這是行為學派和建構學派差異最大之處——準確階段應該只是手段，我們最終的目的是把知識化為己有，用它來提出新的問題，建立更多知識。

你可能會說，你們這些作者對APP的要求也太多了吧。對此我們不想申辯，也不會認罪。現在我們可以大聲而清楚地宣告，目前有很多很棒的APP，可以幫人把該做的事情做好；並且對多數人來說，是比自己一個人來做更好。按懷海德的說法，這些APP解放了我們，讓我們能專心進行想做的事。還有，許多APP是由一般人設計出來的，他們看到問題，找到方法對付它，解決它。給APP拍拍手！

朝向更美好世界的APP

APP能成就什麼？有個很棒的例子是「用程式改造美國」（Code for

America）這個組織所做的工作。正如創辦人帕卡（Jennifer Pahlka）說的，他們選聘了一些夥伴進行一年的專案。[33]在這段期間，他們和市政府的公務員密切合作開發APP，解決行政人員和市民提出的問題，從找出最理想的交通流量，到安置小孩進入合適的學校，以及幫助使用公家食物補助券的人找到品質好又不貴的食物。舉例來說，波士頓開發的一個APP可以找出路面坑洞，它的原始碼是開放的，其他城市都可以使用。[34]

「用程式改造美國」最驚人的是，它的成員往往可以用比市政府預估少很多的成本和時間來解決問題。對APP力量的信仰，加上知道什麼問題最重要、如何處理最有效率和效果，使得他們無攻不克。當然，「用程式改造美國」沒有辦法對付比較棘手、無法單憑一個APP就可以解決的問題。的確，在理想狀況下，它可以讓公務員花更多時間在比較大且難對付的挑戰上。

對從事社會科學研究的我們來說，有個例子很適當。四十五年前，在媒體種類有限的時代，霍華德必須用筆或小型計算機做大部分的統計檢定。那是很耗時的工作，但是在計算過程當中，他對這些數據掌握得一清二楚。現在有強大的電腦（以及更複雜的統計方法），讓我們彈指間就得能到答案。如果把省下來的時間用在更仔細地檢查數據，更深入切實地分析其意義，APP 就很有價值。但是，如果只是製造數據（遑論大數據）自己會說話的幻覺，或者只是讓研究人員失去蒐集與呈現下一批寶貴數據的耐性，那麼 APP 的幫助就不大了。

再舉個不同領域的例子，作曲家麥克佛（Tod Machover）的作品——《多倫多交響曲》。麥克佛有「美國最科技化的作曲家」之稱，他率先使用電子和數位樂器作了很多曲子，還想出新的記譜方法，設計出像玩具一樣，沒有受過正式音樂訓練的素人也能玩的樂器。

《多倫多交響曲》是一大創舉，這個大規模合作的曲子（規模超過群眾外包）讓一般民眾參與，主要是多倫多市民，雖然任何人都可以來玩，共同創作出一首大型交響樂作品。其中有一個部分，邀請民眾錄下他們覺得能表現這個城市的聲音，並寄過來。（這可以算是蓋希文《一個美國人在巴黎》的現代版，一開始有街頭的聲音。）麥克佛和他的團隊還為曲子的其他部分開發了 APP，可以像畫筆一樣，塗上不同深淺的顏色。利用這個 APP，使用者可以把麥克佛初步描繪的旋律塑造成型，從粗略的輪廓到微小的細節，或從中截取音樂素材自己拼貼混搭。經過幾個月蒐集各方來稿，麥克佛再從中取樣、研究，成為這項作品的最終創作者。但就像他說的，「如果到頭來，它基本上仍像是我的作品，或我把別人的東西湊在一起，就比較沒意思了……但如果它是少了大家就做不出來的東西，感覺就很棒。」[35]

麥克佛的交響曲和帕卡的「用程式改造美國」有不同的目標和方法。帕卡想解決棘手的都市問題，麥克佛則是想對他所景仰的城市致上一份獻禮。這是工程跟藝術的對比。不過我們要注意，在數位環境中創作音樂也是一樁工程，而創造出效果良好的市政APP也是一門藝術。進一步探討，我們看到了普通的素人（「以前稱作觀眾」，有個權威人士這麼說過）的貢獻。以「用程式改造美國」為例，它讓一般人提出需要處理的問題，繼而享用工作人員想出的解決方法。同樣的，《多倫多交響曲》讓一般素人努力做出作品的某一部分，整個作品完成並演出後，素人觀眾可以評估它成功與否。這是民眾與專家合作、演算法（APP）與品味（超越APP）完美平衡的最佳境界。

前瞻

從某個角度來看，APP和APP世代傾向以現成的解決方案來因應所有現存的問題，這個趨勢似乎勢不可擋。在這不怎麼動人的景象中，人的身分認同比較浮面，包裝較不有趣，基礎較不穩固；親密關係——即使證明不如隱私脆弱——將更表面化、更纖弱、更無隨時間進展的可能；而提升想像力，主要是為了解決有明顯答案的明顯問題。如果把研究對象延伸到年輕族群之外，APP的多元性，以及目前被使用的方式，似乎都強烈地朝向依賴，而非賦能的方向前進，從宗教到教育各領域皆然。

但是APP世代（和他們的後人）可以不必接受這個趨勢。作為個人、群體、文化，人們可以決定在什麼時候或在什麼情況下，自數位世界脫離，探索自己的道路，去形成自我認同，去建立某種程度與形式的親密關係，打造一條超乎預期的創意之路。（當然，如同埃呂爾可能會說的，脫離科技，可能比挑戰科技形成的意識來得簡單。）書寫的誕生沒有摧毀人類的記憶，雖然它可能讓我們依據不同目的，形成不同形式的記憶。印刷的誕生沒有摧毀美麗的畫作，也沒有破壞所有的宗教組織。因此，APP的誕生不必然會破壞人類產生新議題，提出新答案，必要時借助科技或仰仗自己智慧的能力。

當然，還有其他潛在的因素會造成影響。本書並未對跨國大企業或極權國家的野心和影響力多加著墨。[36]每次有重大的傳播媒介因人類的想像力而誕生，最終都被巨型企業所主導，並且決定人們如何與媒體互動。Google、蘋果、亞馬遜和規模略小於它們的企業掌握的權力之大，數據規模之大，連想像力最豐沛的科幻作家，如威爾斯（H. G. Wells）、凡爾納（Jules Verne），在一個世紀前都想不到。如果我們以為由企業設計並出售的APP不會淪落到同樣的命運，未免也太樂觀了；單純假設企業一定會用來做好事，也太天真了。

我們也必須注意，可能還有其他的權力，甚至比巨型企業和超級強權更大。當我們漸漸對基因和神經的性質更加了解，多少就會想要積極重組我們的物種，創造所謂的獨特性，讓電腦和人腦、機器和人類、死亡與不朽的界限越來越模糊，或越趨混亂，或整個消失。[37]我們聽過不只一個愛說笑的人說過：「問題不再是電腦像不像我們，而是我們像不像電腦。」當這類的動機實現越多，人類抵抗或超越APP的傾向越會蒸發不見。就像《一九八四》裡無所不在的老大哥、《發條桔子》裡腦袋被控制的艾歷克斯一樣，APP將掌控我們的生命。

因此我們又回到柏吉斯提出的問題，我們是不是要容忍自己的不完美——我們的個人身分、獨特的親密形式，以及笨拙但熱情，或許以自己獨特的方式努力發揮創意——會比較好？還是我們應該試著挖掘或創造所有我們需要或想要的APP或超級APP，讓你我都可以追求某種「美好人生」？我們不必擁抱自由意志的浪漫觀念就能知道，這是一個真實的抉擇，一個未來（如果不是現在）的世代個人或集體將必須做的抉擇。

最後，我們再來回顧我們的中心主旨。作為一個物種，我們正面臨抉擇。APP不會消失，也沒有應該消失的理由，問題是，我們要越來越依賴它，碰到任何狀況就找個APP，對於沒有現成APP可以解決的狀況不屑一顧？還是我們要善用它，利用既有和未來的APP來開拓各種可能？甚至偶爾把科技拋到一旁，超然於APP之上？或許我們應該本著類比（而非數位）時代的精神，回想《原子科學家公報》雜誌封面上滴答滴答的時鐘，監督指針是否越來越指向更多的依賴（那對我們來說是反烏托邦），或是朝向更大的賦能

（那則是烏托邦）。

這本書快完成時，霍華德剛好有個機會跟他的孫子，當時六歲半的奧斯卡，聊聊他使用數位媒體的經驗。霍華德事先跟奧斯卡的爸媽打過招呼，不過奧斯卡對於這次聊天沒有任何準備，也沒有人提示他。他答應讓霍華德錄下他們的對話，事實上，採訪結束時，他還教霍華德怎麼關掉 iPhone 的錄音功能。

不出意料，身為二〇〇五年出生的小孩，奧斯卡一直都在數位媒體的環繞下，對這方面的用詞和術語完全熟悉而自在。霍華德問他，如果「霍爸」（奧斯卡這樣叫他爺爺）把他的 iPhone 拿走他會怎樣。

奧斯卡：我不會傷心，我還有電腦。

霍華德：哦，什麼樣的電腦？

奧斯卡：比媽媽的大。

霍華德：你在上面做什麼？

奧斯卡：找玩具、找達康（.com），像樂高的英雄工廠，找些小東西……我填一些程式進去，就可以玩遊戲。

霍華德有點驚訝奧斯卡對術語（達康）和活動（寫程式）運用自如，所以他又問奧斯卡有沒有「Google」過任何東西。以下是他們的對話：

奧斯卡：我什麼都Google，像找「亞馬遜」什麼的，我都要先Google，否則就得把它寫下來。

霍華德：你聽起來有點火大。

奧斯卡：有點，不過我不太確定「火大」是什麼意思。

霍華德接著提到用電腦來做什麼，不用電腦來做什麼，奧斯卡分得很清楚。

霍華德：我小時候沒有電腦，你覺得那會是怎樣的情況？

奧斯卡：得一直做事、一直做事、一直做事，沒得玩。

霍華德：沒得玩？

奧斯卡：可以玩一點點，但不多。

霍華德：你在學校或讀書的時候用電腦嗎？

奧斯卡：不太用。我只用電腦來玩。

霍華德：你爸爸媽媽用電腦來做什麼？

奧斯卡：只有一件事，工作。媽媽下載她要做的東西，譬如說關於我們學校的食物（奧斯卡的媽媽是食品科學的研究生）。

看來奧斯卡分得非常清楚——小孩／電腦／玩，相對於大人／沒電腦／沒得玩或大人／電腦／工作。

但電腦只是一個讓我們開心和玩樂的來源嗎？霍華德決定進一步追問奧斯卡數位媒體對他有哪些意義、沒有哪些意義、能讓他做什麼、阻止他做什麼。這段對話最能反映奧斯卡如何看世界，這是他的數位世界觀。

霍華德：爸爸媽媽叫你不要玩電腦的時候你有什麼感覺？

奧斯卡：覺得有點難過，有點難過。（語氣有點哀怨）

霍華德：如果爸爸媽媽把你的電腦、手機通通拿走，好幾個禮拜不給你玩呢？

奧斯卡：我會有點難過，不過我其實會有多一點自由……可以玩我的玩具，跟阿潔玩（阿潔是他八個月大的妹妹），跟爸爸媽媽去一些地方玩。

霍華德：你說的「自由」是什麼意思？

奧斯卡：大部分人一有了科技（科技這個詞是奧斯卡自己說的，不是霍華德提示他的）就什麼遊戲都玩，然後（發出無聊的聲音）整天都在玩，其他什麼事都不做，只是看電視……沒有電腦，我就可以玩玩具什麼的。

奧斯卡當然沒有研究過數位媒體，也沒讀過烏托邦和反烏托邦，他的爸媽和祖父母也沒有跟他討論過數位媒體隱含的誘惑力量。然而，在六歲的小小年紀，他已經感覺到人可以變成新科技的囚犯，而彼端有個世界正等著他去探索……只要有時間、空間就能去探索。他不必參加波娜薇茲和同事做的玩具實驗，就知道這些。就某方面來說，他已經獲得那個實驗蘊藏的見解：雖然一個示範良好或設計良好的APP有其價值，但是用自己的時間、自己的方法，自行找出答案，也很有價值。

我們跟著散文作家羅森（Christine Rosen）一起擔心終極效率——人的需求和欲望都被事先預見，人未來可能的經驗起落都被控制。隨著詩人泰德（Allen Tate），我們鄙夷「不再問這樣對嗎，只問這樣有用嗎」的世界。38

身為作者，我們享有下最後結論的特權。對我們自己，還有我們的後人，我們渴望這樣一個世界——所有人類都有機會創造自己的答案。沒錯，提出自己的問題，並且用自己的方式來解決。

附錄1 研究方法

I 教師訪談

我們在二〇〇八年訪談四十位資深教師（二十四位男性，十六位女性），了解他們如何觀察現今與數位時代之前的學生的差異。這群教師是由哈佛大學零點計畫的教育人員與研究人員，根據資歷和傑出教學經驗來推薦，平均年資二十三．五年，除了其中兩位，皆自一九九二年任教至今。

參與研究的教師來自大波士頓地區的十八所學校，一位來自新罕布什州中部，學生都來自裕富家庭，總計包括兩所國中、兩所大學，以及十五所高中。

我們的樣本教師涵蓋寬廣的知識領域，包括歷史（六位）、社會科（一位）、英語或英國文學（七位）、音樂（五位）、生物（三位）、化學（一位）、物理（二位）、體育（二位），以及通識課程（一位）。其中幾位同時兼任一項運動，或在寄宿學校擔任舍監，因此也能評論學生課堂外的生活。

訪談由兩位研究人員負責，以半結構式訪談形式（訂下訪談大綱，根據談話進度適當追問與修正問題）進行，持續時間約九十到一百二十分鐘。受訪者首先被詢問一般性問題，他們注意到學生各方面生活有何變化，包括學業活動與表現、同儕關係、課外活動和興趣。為了避免回答失真，我們在這個部分刻意不提數位媒體的話題，但是受訪者通常會主動提起，我們已準備好一連串後續的提問。

除了一位以外，其餘訪談都經過錄音，兩位訪談人員同時在訪問過程記下詳盡的筆記，之後再整合成一份紀錄。每一份紀錄都附有一張重點摘要。訪談進行到一半時，研究人員會建立一個矩陣表格，用以組織每份原始錄音與訪問摘要的重點資料，並根據這些重點的強度與頻率分類，之後隨著新增的資料隨時修改。

Ⅱ 焦點團體

研究團隊在二〇〇九年五月到二〇一一年三月間，進行了七場焦點團體訪談。共有五十八位資深專業人員參與，他們每位都曾在與年輕人（十二到二十二歲）相關的各個領域工作超過二十年，包括心理分析師、心理學家、心理衛生工作者、夏令營營長和資深輔導員、宗教領袖、藝術教育人員，以及低收入社區的高中老師與課後輔導老師。

焦點團體的引導員請參與者提出他們在這二十年間對青少年的觀察，以及對這些變化的成因有何看法。每一位參與者有五到十分鐘，分享他們初步的看法，引導員進一步澄清問題並適當地歸納重點。

研究人員會做後續提問，鼓勵參與者更深入闡述，並邀請他們回應其他焦點團體的看法。主要的後續提問皆與自我認同、親密關係、想像力這「三I」有關，與教師的一對一訪談也是相同的主軸。為了避免誘導性的問題，數位媒體並沒有被當成談話的主題，直到有一名參與者自己明確地提起。

每一個焦點團體訪談之後，研究人員將各自的現場筆記整合成一份備忘錄，總結主要討論主題。再由一名研究員針對每個團體的結果，綜合整理成一系列正式的報告。

III 青少年的藝文創作

在二〇一一年二月到二〇一二年八月，我們針對一九九〇年到二〇一一年期間的青少年藝術作品與創作小說，進行三項研究。我們分析三百五十四份高中生視覺藝術作品、五十篇高中生的短篇小說與四十四篇國中生的短篇小說。

視覺藝術

我們的視覺藝術樣本是從麻州一份青少年藝文雜誌上隨機挑選作品。這本雜誌名為《青少年印刻》，創辦於一九八九年。在我們挑選的一百七十七份作品中，一半刊登於一九九〇到一九九五年，另一半刊登於二〇〇六到二〇一一年。其中大部分是平面作品，少數是立體作品的照片，例如雕塑或裝置藝術。

我們挑選的樣本作品來自《青少年印刻》的「藝術畫廊」單元，從每一期雜誌中以亂數產生器挑出三件作品。但其中缺少一九九一年二月號。為了平衡前後年代的數目，我們也略過二〇一一年十二月號。

早期期刊印刷品質較低，限制了可觀察的細節。因此，我們從雜誌的實體檔案櫃中找到原始作品。有時候某件原始作品已經遺失，碰到這種情況，我們會從現有的收藏中隨機挑選替代作品，總計約有百分之二十的早期樣本經過重新挑選。而一九九九年九月後的雜誌印刷品質普遍提升，我們可以直接用近期雜誌進行編碼。

兩位具有正式藝術訓練的研究助理設計了一套編碼系統，以分析視覺藝術作品。他們從教師和焦點團體訪談中找出主軸，配合視覺藝術技巧與詮釋的正式元素，如背景、構圖和媒介。最後的編碼系統總計包括十八個代碼。

為了確保詮釋的一致性與正確性，編碼過程遵循「主要編碼員／影子編碼員」的方法。兩名研究員各自擔任一半作品的主要編碼者，同時也是彼此的影子編碼員，檢視對方所做的編碼，兩位編碼員針對有不同詮釋的部分（為數不多）進行討論，有了共識後再更新代碼類別。

接下來將編碼輸入質化分析軟體 NVivo 9，這套程式讓研究人員得以找出從早期（一九九〇～一九九五）到晚期（二〇〇六～二〇一一）作品所呈現的趨勢。這些趨勢記錄在一系列報告中，十八個代碼各有一份。

高中生小說創作

我們的高中創作樣本包括五十篇小說，由紐奧良一所寫作課程十分優良的高中學生所作。其中一半作品（二十五篇）是一九九〇到一九九五年間完成，另外一半的寫作時間是二〇〇六年到二〇一一年，都是由學生評選，刊登在學校的年度藝文刊物上。

選擇同一所學校的作品，是為了確保學生的組成，在我們研究聚焦的二十年間能維持相對的一致性。我們的取樣原本涵蓋這兩段期間所有的短篇小說，然而，為了避免作者的重複性太高，我們最後排除了一些由同一位作者寫的文章。

兩位具有英國文學與寫作背景的研究助理設計一套編碼系統，以分析這些高中小說創作。與視覺藝術分析相同，研究人員採用教師與焦點團體訪談的主題，以及小說創作的技術元素，如情節、背景、人物與敘事結構，作為編碼依據。最後的編碼系統總共有二十二個代碼。

小說分析的編碼過程，也和視覺藝術一樣，使用主要編碼者／影子編碼者的形式進行。不一致的地方很少（每篇作品不到一處），同樣透過互相討論求取共識，最後再以 NVivo 9 找出兩個時期的趨勢。

國中生小說創作

國中學生的創作樣本則包括四十四篇七年級與八年級學生作品，來自緬因州一所八年級制私立中小學。其中一半的故事（二十二篇）寫於一九九五到一九九八年，另外一半完成於二〇〇七到二〇〇九年。與高中樣本相同，所有故事都刊登在學校校刊，不過並沒有經過評選，因此較能呈現學生作品的真實樣貌。

原本的樣本涵蓋前後兩個時期所有的創作，如果一名學生有多篇作品刊登，我們只選取最近期的一篇。由於其中有幾期收錄的文章特別多，我們在排除作者重複的作品後，再以亂數產生器從所有作品中，挑選出兩個時期差不多數量的作品。

國中生小說的資料分析法，與高中生作品的編碼與分析過程相同。

IV Good Play 計畫

二〇〇八年到二〇一〇年期間，我們針對住在大波士頓地區共一百零三名十到二十五歲的青少年，進行一項深度的質化訪談。這項計畫由麥克阿瑟基金會的數位媒體與學習提案補助，關注年輕人數位媒體活動的倫理面向，包括青少年在網路上曾經歷的棘手情境與他們的想法。

參與的國高中生來自一個郊區與兩個都會區的公立學校，大學年紀的參與者則是二年與四年制公私立大學的學生。其中也有學士後的學生，是透過Craiglist網站及附近地區張貼的傳單徵求而來。這些不同的管道和來源，產生了在社會經濟層面與族群分布上，都非常多樣化的研究樣本。

參與的學生在受訪時被詢問一系列問題，關於他們的數位媒體經驗，如何回應網路上遭遇的困難情境，例如看到仇恨的言論，或到底該分享多少個人資訊。我們同時也丟給他們一連串假設性的兩難問題，通常與網路上經常出現的道德爭議有關，包括隱私權、所有權與著作權，以及社群參與。

所有的訪談都經過錄音並繕寫成逐字稿。研究團隊設計了一套包含客位與主位代碼的編碼系統。客位代碼以我們的問題與非學術的先驗知識為依據，主位代碼則從逐字錄音稿呈現的主題產生。

為了確保編碼系統的一致性與正確性，每位研究人員針對一份逐字稿的子稿分別編碼，再開會針對差異進行討論，釐清代碼定義並解決歧見。這個過程會一再重複，直到編碼員對每一個代碼的共識達到一定程度為止。接著研究人員將代碼平均分成幾個群組，再用於其他錄音稿。整個過程仍不時需要開會討論，確認研究人員後續編碼的可信度。

完成編碼作業後，研究人員會做總結並寫成報告，報告中也摘錄了能凸顯主題的代表性敘述。

V 青少年部落客研究

凱蒂在二〇〇七年訪談了二十位女孩，她們在國高中時期都曾在一個熱門的線上寫作社群平台LiveJournal寫過部落格，年紀在十七到二十一歲，就讀十年級到大四，其中八位是白人，五位亞裔，其他自稱是西語裔、太平洋群島與一名黑白混血美國人，每一位當時都在大波士頓地區居住或上大學。

她們每一位都接受大約六十分鐘的半結構形式訪談，主要的問題包括如何在部落格上抒發自己，發掘個人興趣，以及與他人連結。受訪者也被問到，她們的部落格這些年來有何改變，以及寫部落格與其他數位媒體活動，如社群網站、文字訊息、即時通訊之間的關係。這些問題引發了許多回應，都碰觸到我們在本書所探討的認同、親密關係與想像力。

這些訪談採取與 Good Play 團隊相同的分析方法，所有談話都錄音並整理成逐字稿，稿件皆經過主位／客位編碼系統加以編碼。為了讓編碼者達成共識，團隊的兩名成員先以一份逐字稿進行編碼，並討論彼此編碼的異同，接著凱蒂採用討論後的結果，作為後續編碼的依據。為了標示受訪者個別與共同的話題，凱蒂針對每一名受訪者做了分析筆記，並利用質化分析軟體 NVivo 8 進行分析。

VI 百慕達研究

二〇一〇年，凱蒂在百慕達的國高中（八到十二年級）進行一項混合方法的研究。第一階段是針對兩千零七十九名公私立學校學生（百分之五十七是女生）的大規模調查，年紀分布在十一到十九歲（平均十五・四歲）。百慕達大約有兩千六百名中學生，也就是說，研究樣本數涵蓋島上約八成的中學生。研究的第二階段針對其中三十二名學生進行深入訪談，平均分布於進行調查的學校和年級。

訪談在平日課堂時間進行，採用半結構形式，讓訪問者可以發掘預期外的答案或參與者有興趣的主題。主要問題為他們如何使用科技和數位媒體，包括使用的頻率和動機，也談到不同數位媒體的運用，包括社群網站、文字訊息、即時通訊與線上遊戲。同時也涵蓋他們與朋友、父母、老師的關係；在校生活與對自我的了解。

訪談資料的分析，採取與上述Good Play計畫與部落客研究相同的方法。每個訪談都錄音並紀錄成逐字稿。凱蒂設計包含主位／客位編碼系統，為了確保編碼的一致性與正確性，她請一位有質化資料分析經驗的研究所學生，負責稿件的編碼，兩人分別針對同一份稿件進行編碼後，再檢視討論彼此的差異。當達到令人滿意的共識後，凱蒂再完成其他稿件的編碼。

在編碼過程，凱蒂為每名受訪者做了一份編碼備忘錄，摘錄與系統代碼相關的重要談話內容。最後再用質化分析軟體 NVivo 9 協助找出重要的模式。

附錄2 參考資料

第2章

1. Lewis Mumford, *Technics and Civilization* (New York: Harcourt Brace, 1934).
2. Jacques Ellul, *The Technological Society* (New York: Vintage, 1964).
3. Marshall McLuhan, *The Gutenberg Galaxy* (1962; reprint ed., Toronto: University of Toronto Press, 2011). Marshall McLuhan, *Understanding Media: The Extension of Man* (1964; reprint ed., Cambridge, MA: MIT Press, 1994).
4. William Wordsworth, "The French Revolution, as It Appeared to Enthusiasts" (1809).
5. Virginia Heffernan, "The Death of the Open Web," *New York Times*, May 23, 2010.
6. William James, *Habit* (1890; reprint ed., Kessinger, 2003), 66–67.
7. Y. Shoda, W. Mischel, and P. K. Peake, "Predicting Adolescent Cognitive and Self-Regulatory Competencies from Preschool Delay of Gratification: Identifying Diagnostic Conditions," *Developmental Psychology* 26 (1990): 978–986.
8. E. Bonawitz et al., "The Double-Edged Sword of Pedagogy: Instruction Limits

Spontaneous Exploration and Discovery," *Cognition* 130 (2011): 322–330.
9. B. F. Skinner, *The Behavior of Organisms* (New York: Appleton Century Crofts, 1938).
10. Howard Gardner, *The Mind's New Science: A History of the Cognitive Revolution* (New York: Basic Books, 1985).
11. B. F. Skinner, *Beyond Freedom and Dignity* (New York: Knopf, 1971).
12. Mimi Ito, *Hanging Out, Messing Around, Geeking Out: Kids Living and Learning with New Media* (Cambridge, MA: MIT Press, 2009).
13. Danah boyd, *A Networked Self: Identity, Community, and Culture on Social Network Sites* (New York: Routledge, 2011); Cathy N. Davidson, *Now You See It: How the Brain Science of Attention Will Transform the Way in Which We Live, Work, and Learn* (New York: Vintage, 2011); Henry Jenkins, Convergence Culture: Where Old and New Media Collide (New York: NYU Press, 2008); Clay Shirky, *Here Comes Everybody: The Power of Organizing without Organizations* (New York: Penguin, 2008); David Weinberger, *Too Big to Know: Rethinking Knowledge Now That the Facts Aren't the Facts, Experts Are Everywhere, and the Smartest Person in the Room Is the Room* (New York: Basic Books, 2011).
14. Nicholas Carr, *The Shallows: What the Internet Is Doing to Our Brains* (New York: Norton, 2010).
15. Mark Bauerlein, *The Dumbest Generation: How the Digital Age Stupefies Young Americans and Jeopardizes Our Future* (Or, Don't Trust Anyone Under 30) (New York: Tarcher/Penguin, 2009).

16. Cass R. Sunstein, *Going to Extremes: How Like Minds Unite and Divide* (New York: Oxford University Press, 2011).
17. Sherry Turkle, *Alone Together: Why We Expect More from Technology and Less from Each Other* (New York: Basic Books, 2011); Jaron Lanier, *You Are Not a Gadget: A Manifesto* (New York: Vintage, 2011).

第3章

1. T. S. Eliot, *Christianity and Culture* (1948; reprint ed., Orlando, FL: Harcourt, 1976), 91.
2. Gustave Flaubert to Mlle Leroyer de Chantepie, in *The Letters of Gustave Flaubert, 1857–1880*, ed. and trans. Francis Steegmuller (Cambridge, MA: Harvard University Press, 1982), 80.
3. Gertrude Stein, quoted in Ernest Hemingway, A Moveable Feast (New York: Scribners, 1964), 29. Another version was used as an epigraph in Hemingway's novel The Sun Also Rises (1926).
4. 針對世代的概念已有廣泛的社會與歷史文獻，其中較權威的參考文獻有：Judith Burnett, *Generations: The Time Machine in Theory and Practice* (Farnham, UK: Ashgate, 2010); Glenn H. Elder Jr., John Modell, and Ross D. Parke, eds., *Children in Time and Place* (New York: Cambridge University Press, 1993);

Gerhard Falk and Ursula A. Falk, *Youth Culture and the Generation G-a-p* (New York: Algora, 2005); Karl Mannheim, "The Problem of Generations," in *From Karl Mannheim*, ed. Kurt Wolff and David Kettler (London: Transaction, 1993); Katherine Newman, "Ethnography, Biography and Cultural History: Generational Paradigms in Human Development," in *Ethnography and Human Development: Context and Meaning in Social Inquiry*, ed. Richard Jessor, Anne Colby, and Richard A. Shweder (Chicago: University of Chicago Press, 1996), 371–395; and William Strauss and Neil Howe, *Generations: The History of America's Future, 1584 to 2069* (New York: William Morrow, 1991).

5. David Riesman, Nathan Glazer, and Reuel Denney, *The Lonely Crowd* (New Haven: Yale University Press, 1950).

6. William H. Whyte Jr., *The Organization Man* (New York: Simon and Schuster, 1956); Walter Isaacson and Evan Thomas, *The Wise Men: Six Friends and the World They Made* (New York: Simon and Schuster, 1986); Kenneth Keniston, *The Uncommitted: Alien Youth in American Society* (New York: Harcourt Brace and World, 1965); C. Wright Mills, *The Power Elite* (New York: Oxford University Press, 1956).

7. Erik H. Erikson, *Childhood and Society* (New York: W. W. Norton, 1950). 另見：Lawrence J. Friedman, *Identity's Architect: A Biography of Erik H. Erickson* (New York: Scribner, 1999).

8. Arthur Miller, *Death of a Salesman* (1949; reprint ed., New York: Penguin, 1976), 54.

9. Arthur Levine, *When Dreams and Heroes Died: A Portrait of Today's College Student* (San Francisco: Jossey-Bass, 1980); Arthur Levine and Jeanette S. Curreton, *When Hope and Fear Collide* (San Francisco: Jossey-Bass, 1998); Arthur Levine and Diane R. Dean, *Generation on a Tightrope: A Portrait of Today's* College Student (New York: John Wiley and Sons, 2012).
針對數位時代建立長久關係的障礙，請見：Sherry Turkle, *Alone Together: Why We Expect More from Technology and Less from Each Other* (New York: Basic Books, 2011).
10. Jeffrey Jensen Arnett, *Emerging Adulthood: The Winding Road from Late Teens through the Twenties* (New York: Oxford University Press, 2004).
11. Prediction attributed to Thomas J. Watson Jr., president of IBM, either 1943 or 1958 (sources disagree).

第4章

1. Sherry Turkle, *Life on the Screen: Identity in the Age of the Internet* (New York: Simon and Schuster, 1995).
2. Noelle J. Hum et al., "A Picture Is Worth a Thousand Words: A Content Analysis of Facebook Profile Photographs," *Computers in Human Behavior* 27 (2011): 1828–1833; A. Moreau et al., "L'usage de Facebook et les enjeux

de l'adolescence: Une étude qualitative," *Neuropsychiatrie de l'Enfance et de l'Adolescence* 60 (2012): 429–434; J. V. Peluchette and K. Karl, "Examining Students' Intended Image on Facebook: 'What Were They Thinking?!'" *Journal of Education for Business* 85 (2010): 30–37; Susannah Stern, "Producing Sites, Exploring Identities: Youth Online Authorship," in *Youth, Identity, and Digital Media*, ed. David Buckingham (Cambridge, MA: MIT Press, 2007), 95–117; Shanyang Zhao, Sherri Grasmuck, and Jason Martin, "Identity Construction on Facebook: Digital Empowerment in Anchored Relationships," *Computers in Human Behavior* 24 (2008): 1816–1836.

3. Katie Davis and Carrie James, "Tweens' Conceptions of Privacy Online: Implications for Educators," *Learning, Media and Technology* 38 (2013): 4–25.
4. Josh Miller, "What the Tech World Looks Like to a Teen," *BuzzFeed*, January 2, 2013, http://www.buzzfeed.com/joshmiller/what-the -tech-world-looks-like-to-a-teen.
5. Erik H. Erikson, *Identity: Youth and Crisis* (New York: W. W. Norton, 1968).
6. Arthur Levine and Diane R. Dean, *Generation on a Tightrope: A Portrait of Today's College Student* (San Francisco: Jossey-Bass, 2012).
7. Tim Clydesdale, *The First Year Out: Understanding American Teens after High School* (Chicago: University of Chicago Press, 2007).
8. John H. Pryor et al., "The American Freshman: Forty Year Trends," Cooperative Institutional Research Program, Higher Education Research Institute, UCLA, 2007; John H. Pryor et al., "The American Freshman: National Norms Fall

2012," Cooperative Institutional Research Program, Higher Education Research Institute, UCLA, 2012.

9. Robert D. Putnam, *Bowling Alone: The Collapse and Revival of American Community* (New York: Simon and Schuster, 2001).

10. Alan Wolfe, *Moral Freedom: The Impossible Idea that Defines the Way We Live Now* (New York: W. W. Norton, 2001).

11. Yalda T. Uhls and Patricia M. Greenfield, "The Rise of Fame: An Historical Content Analysis," *Cyberpsychology: Journal of Psychosocial Research on Cyberspace* 5 (2011).

12. Jean M. Twenge and Joshua D. Foster, "Birth Cohort Increases in Narcissistic Personality Traits among American College Students, 1982–2009," *Social Psychological and Personality Science* 1 (2010): 99–106.

13. Jean M. Twenge and W. Keith Campbell, "Increases in Posi- tive Self-Views among High School Students," *Psychological Science* 19 (2008): 1082–1086; Christopher Lasch, *The Culture of Narcissism* (New York: Alfred A. Knopf, 1979).

14. Levine and Dean, *Generation on a Tightrope*; Eric Greenberg with Karl Weber, *Generation We: How Millennial Youth Are Taking over America and Changing Our World Forever* (Emeryville, CA: Pachatusan, 2008).

15. Uhls and Greenfield, "Rise of Fame."

16. Jake Halpern, *Fame Junkies: The Hidden Truths behind America's Favorite Addiction* (Boston: Houghton Mifflin, 2007).

17. Mary Helen Immordino-Yang, Joanna A. Christodoulou, and Vanessa Singh, "Rest Is Not Idleness: Implications of the Brain's Default Mode for Human Development and Education," *Perspectives on Psychological Science* 7 (2012): 352–364; David M. Levy, "Information, Silence, and Sanctuary," *Ethics and Information Technology* 9 (2007): 233–236; D. M. Levy et al., "The Effects of Mindfulness Meditation Training on Multitasking in a High-Stress Information Environment," in *Proceedings of Graphics Interface Conference 2012* (Toronto: Canadian Information Processing Society, 2012), 45–52; Gaëlle Desbordes et al., "Effects of Mindful-Attention and Compassion Meditation Training on Amygdala Response to Emotional Stimuli in an Ordinary, NonMeditative State," *Frontiers in Human Neuroscience* 6 (2012): 292.

18. Erikson, Identity; J. Bruner and D. A. Kalmar, "Narrative and Metanarrative in the Construction of Self," in *Self-Awareness: Its Nature and Development*, ed. Michael Ferrari and Robert J. Sternberg (New York: Guilford, 1998), 308–331.

19. Levy, "Information, Silence, and Sanctuary."

20. Shawn M. Bergman et al., "Millennials, Narcissism, and Social Networking: What Narcissists Do on Social Networking Sites and Why," *Personality and Individual Differences* 50 (2011): 706–711; Laura E. Buffardi and W. Keith Campbell, "Narcissism and Social Networking Web Sites," *Personality and Social Psychology Bulletin* 34 (2008): 1303–1314; Christopher J. Carpenter, "Narcissism on Facebook: Self-Promotional and Anti-Social Behavior," *Personality and Individual Differences* 52 (2012): 482–486; C. Nathan DeWall

et al., "Narcissism and Implicit Attention Seeking: Evidence from Linguistic Analyses of Social Networking and Online Presentation," *Personality and Individual Differences* 51 (2011): 57–62; Bruce C. McKinney, Lynne Kelly, and Robert L. Duran, "Narcissism or Openness?: College Students' Use of Facebook and Twitter," *Communication Research Reports* 29 (2012): 108–118; Eileen Y. L. Onge et al., "Narcissism, Extraversion and Adolescents' Self-Presentation on Facebook," *Personality and Individual Differences* 50 (2011): 180–185.

21. Buffardi and Campbell, "Narcissism and Social Networking Web Sites."
22. McKinney, Kelly, and Duran, "Narcissism or Openness?" 23. Frank Rose, "The Selfish Meme," Atlantic, October 2012.
24. Sherry Turkle, *Alone Together: Why We Expect More from Technology and Less from Each Other* (New York: Basic Books, 2011), 268.
25. Pryor et al., "American Freshman."
26. Levine and Dean, *Generation on a Tightrope*; Sara H. Konrath, Edward H. O'Brien, and Courtney Hsing, "Changes in Dispositional Empathy in American College Students over Time: A Meta-Analysis," *Personality and Social Psychology Review* 15 (2011): 180–198.
27. Todd G. Buchholz and Victoria Buchholz, "The Go-Nowhere Generation," *New York Times*, March 10, 2012.
28. Kim Parker, "The Boomerang Generation: Feeling OK about Living with Mom and Dad," Pew Research Center, March 15, 2012, http:// www.pewsocialtrends.org/2012/03/15/the-boomerang-generation/.

29. "Percentage of Teen Drivers Continues to Drop," University of Michigan News Service, July 23, 2013, http://www.ns.umich.edu/new/ releases/20646-percentage-of-teen-drivers-continues-to-drop.
30. Buchholz and Buchholz, "Go-Nowhere Generation."
31. This statement echoes the argument made by Madeline Levine in an August 4, 2012, *New York Times* opinion piece. Says Levine, if you aren't willing to allow your children to be unhappy, you should not be in the parenting business.
32. "Percentage of Teen Drivers Continues to Drop."
33. Andrew R. Schrock and danah boyd, "Problematic Youth Interactions Online: Solicitation, Harassment, and Cyberbullying," in *Computer-Mediated Communication in Personal Relationships*, ed. Kevin B. Wright and Lynne M. Webb (New York: Peter Lang, 2011), 368–396.
34. Kim Thomas, "Teen Online Safety and Digital Reputation Survey," Cox Communications in partnership with the National Center for Missing and Exploited Children, June 2010, http://multivu.prnewswire.com/player/44526-cox-teen-summit-internet-safety/docs/44526-Cox _Online_Safety_Digital_Reputation_Survey-FNL.pdf.
35. Davis and James, "Tweens' Conceptions of Privacy Online."
36. Alice E. Marwick, Diego Murgia-Diaz, and John G. Palfrey Jr., *Youth, Privacy, and Reputation: Literature Review*, Berkman Center Research Publication No. 2010-5; Harvard Public Law Working Paper No. 10-29; http://ssrn.com/abstract=1588163; Kirsty Young, "Identity Creation and Online Social

Networking: An Australian Perspective," *International Journal of Emerging Technologies and Society* 7 (2009): 39–57.

37. B. Ridout, A. Campbell, and L. Ellis, "Off Your Face(book)?: Alcohol in Online Social Identity Construction and Its Relation to Problem Drinking in University Students," *Drug and Alcohol Review* 31 (2012): 20–26.
38. Doug Gross, "Snapchat: Sexting Tool, or the Next Instagram?" CNN, January 10, 2013, http://www.cnn.com/2013/01/03/tech/mobile/ snapchat/index.html.
39. Kashmir Hill, "Snapchat Won't Protect You from Jerks," *Forbes*, March 18, 2013, http://www.forbes.com/sites/kashmirhill/2013/03/18/ snapchat-wont-protect-you-from-jerks/.
40. Lynn Schofield Clark, The Parent App: *Understanding Families in the Digital Age* (New York: Oxford University Press, 2013); Barbara K. Hofer and Abigail Sullivan Moore, *The iConnected Parent: Staying Close to Your Kids in College (and beyond) while Letting Them Grow Up* (New York: Free Press, 2010); Margaret K. Nelson, *Parenting Out of Control: Anxious Parents in Uncertain Times* (New York: NYU Press, 2010); Katie Davis, "A Life in Bits and Bytes: A Portrait of a College Student and Her Life with Digital Media," *Teachers College Record* 113 (2011): 1960–1982.
41. Hofer and Moore, *iConnected Parent*.
42. Hofer and Moore, *iConnected Parent*.
43. William Merrin, "MySpace and Legendary Psychasthenia," Media Studies 2.0, September 14, 2007, http://mediastudies2point0.blog spot.com/2007/09/

myspace-and-legendary-psychasthenia.html.
為了解釋人們在網路上的形象何以弱化他們的自我意識，甚至到完全放棄的程度，媒介研究學者梅林引用卡洛斯（Roger Callois）對於昆蟲擬態現象與精神耗弱的探討。一九三五年卡洛斯使用精神耗弱來形容無法區分自己與周遭生態的精神失調。根據卡洛斯的研究，自我意識的要件是，個體必須明瞭自己與周遭環境的關係和差異。缺乏這種能力，便無法產生自我意識。梅林將此說法應用於網路虛擬世界，泛指個人在網路上的自我，與現實世界的自我無法連結。梅林認為，當我們陷溺於臉書這類的社群網站預先設定好的角色模式，我們其實失去更多的自我。這種感覺就像我們的獨特性並非自己的個性，而是藉由臉書環境所提供的展示照片、朋友、「讚」，以及大頭照的綜合體。我們融入這些虛擬環境，如同昆蟲改變外形與行為以融入生態背景，進而逐漸放棄真實的自我。

44. Pryor et al., "American Freshman."

45. Levine and Dean, *Generation on a Tightrope*.

46. Eli Pariser, *The Filter Bubble: What the Internet Is Hiding from You* (New York: Penguin, 2011); Markus Prior, *Post-Broadcast Democracy: How Media Choice Increases Inequality in Political Involvement and Polarizes Elections* (New York: Cambridge University Press, 2007); Bill Bishop, *The Big Sort: Why the Clustering of Like-Minded America Is Tearing Us Apart* (Boston: Houghton Mifflin, 2008); Cass Sunstein, *Republic.com* (Princeton, NJ: Princeton University Press, 2001); Lada Adamic and Natalie Glance, "The Political Blogosphere and the 2004 U.S. Election: Divided They Blog" (Paper presented at the proceedings of WWW-2005, Chiba, Japan, May 2005); J. Kelly, D. Fisher,

and M. Smith, "Debate, Division, and Diversity: Political Discourse Networks in USENET Newsgroups" (Paper presented at the Second Conference on Online Deliberation: Design, Research, and Practice [DIAC 05], Stanford University, Palo Alto, CA, May 2005).
反證請見：Matthew Gentzkow and Jesse M. Shapiro, "Ideological Segregation Online and Offline," *Quarterly Journal of Economics* 126 (2011): 1799–1839. 驗證與反證並陳的研究請見：Sarita Yardi and danah boyd, "Dynamic Debates: An Analysis of Group Polarization over Time on Twitter," *Bulletin of Science, Technology and Society* 30 (2011): 316–327; Eszter Hargittai, Jason Gallo, and Matthew Kane, "Cross-Ideological Discussions among Conservatives and Liberal Bloggers," *Public Choice* 134 (2008): 67–86; H. Farrell, "The Consequences of the Internet for Politics," *Annual Review of Political Science* 15 (2012): 35–52; and Itai Himelboim, Stephen McCreery, and Marc Smith, "Birds of a Feather Tweet Together: Integrating Network and Content Analyses to Examine Cross-Ideology Exposure on Twitter," *Journal of Computer-Mediated Communication* 18 (2013): 40–60.

47. Clay Shirky, *Here Comes Everybody: The Power of Organizing without Organizations* (New York: Penguin, 2008).

48. Y. Benkler, *The Wealth of Networks: How Social Production Transforms Markets and Freedom* (New Haven: Yale University Press, 2006).

49. Mimi Ito et al., *Hanging Out, Messing Around, and Geeking Out: Kids Living and Learning with New Media* (Cambridge, MA: MIT Press, 2009).

第5章

1. K. Davis, "Friendship 2.0: Adolescents' Experiences of Belonging and Self-Disclosure Online," *Journal of Adolescence* 35 (2012): 1527–1536; Yochai Benkler, *The Wealth of Networks: How Social Production Transforms Markets and Freedom* (New Haven: Yale University Press, 2006); Mimi Ito et al., *Hanging Out, Messing Around, and Geeking Out: Kids Living and Learning with New Media* (Cambridge, MA: MIT Press, 2009).
2. Mary Madden et al., "Teens and Technology 2013," Pew Internet and American Life Project, March 13, 2013, available at: http://www.pewinternet.org/~/media//Files/Reports/2013/PIP_TeensandTechnology 2013.pdf.
3. Amanda Lenhart, "Teens, Smartphones, and Texting," Pew Internet and American Life Project, March 19, 2012, http://pewinternet.org/Reports/2012/Teens-and-smartphones.aspx.
4. Davis, "Friendship 2.0."
5. R. Ling, and B. Yttri, "Hyper-Coordination via Mobile Phones in Norway," in *Perpetual Contact: Mobile Communication, Private Talk, Public Performance*, ed. J. E. Katz and M. Aakhus (Cambridge: Cambridge University Press, 2006), 139–169.
6. Mimi Ito and Daisuke Okabe, "Technosocial Situations: Emergent Structuring of Mobile E-Mail Use," in *Personal, Portable, Pedestrian: Mobile Phones in*

Japanese Life, ed. M. Ito, D. Okabe, and M. Matsuda (Cambridge, MA: MIT Press, 2005), 257–273.

7. Barbara K. Hofer and Abigail Sullivan Moore, *The iConnected Parent: Staying Close to Your Kids in College (and beyond) while Letting Them Grow Up* (New York: Free Press, 2010); Margaret K. Nelson, *Parenting Out of Control: Anxious Parents in Uncertain Times* (New York: NYU Press, 2010).

8. Danah boyd, "Why Youth Heart Social Network Sites: The Role of Networked Publics in Teenage Social Life," in *Youth, Identity, and Digital Media*, ed. David Buckingham (Cambridge, MA: MIT Press, 2007), 119–142.

9. Joseph B. Walther, "Computer-Mediated Communication: Impersonal, Interpersonal, and Hyperpersonal Interaction," *Communication Research* 23 (1996): 3–43.
華德的過度個人化溝通理論指出，數位化溝通的某些特色，例如可以隱藏聲音影像以及無需同步進行，比面對面溝通更容易讓人做更多的自我揭露。

10. Luigi Bonetti, Marilyn Anne Campbell, and Linda Gilmore, "The Relationship of Loneliness and Social Anxiety with Children's and Adolescents' Online Communication," *Cyberpsychology, Behavior, and Social Networking* 13 (2010): 279–285; Alexander P. Schouten, Patti M. Valkenburg, and Jochen Peter, "Precursors and Underlying Processes of Adolescents' Online Self-Disclosure: Developing and Test- ing an 'Internet-Attribute-Perception' Model," *Media Psychology* 10 (2007): 292–315; Susannah Stern, "Producing Sites, Exploring Identities: Youth Online Authorship," in Buckingham, *Youth, Identity, and Digital*

Media, 95–117; Patti M. Valkenburg and Jochen Peter, "Social Consequences of the Internet for Adolescents: A Decade of Research," *Current Directions in Psychological Science* 18 (2009): 1–5; Patti M. Valkenburg and Jochen Peter, "Online Communication among Adolescents: An Integrated Model of Its Attraction, Opportunities, and Risks," *Journal of Adolescent Health* 48 (2011): 121–127; P. M. Valkenburg, S. R. Sumter, and J. Peter, "Gender Differences in Online and Offline Self-Disclosure in Pre-Adolescence and Adolescence," *British Journal of Developmental Psychology* 29 (2011): 253–269.

11. Miller McPherson, Lynn Smith-Lovin, and Matthew E. Brashears, "Social Isolation in America: Changes in Core Discussion Networks over Two Decades," *American Sociological Review* 71 (2006): 353–375.
雖然調查結果發表在一份備受尊敬的期刊，麥佛森的結論亦曾受到挑戰。另外一位社會學家，加州柏克萊大學的費雪（Claude Fischer）認為二〇〇四年的調查過程有瑕疵，有許多異常和前後不一的地方。他警告說：「學者與一般讀者都不該採信二〇〇四年的綜合社會調查，有關美國人社會網絡在過去二十年間大幅改變的說法，或許根本沒這回事。」雖然麥佛森和同事後來提出令人信服的反證，但仍需留意這份報告並沒有取信所有的人。
此外，二〇〇九年皮優網路與美國生活專案研究的調查指出，美國人或許不到麥佛森調查所形容的「社交孤立」，然而自一九八五年以來，一般人的討論網確實變小，也沒過去多元。Keith Hampton et al., "Social Isolation and New Technology," November 4, 2009, http://pewinternet.org/Reports/2009/18—Social-Isolation-and-New-Technology.aspx.

歐洲的佛杜納提（Leopoldina Fortunati）與同事發現，經常拜訪親友的歐洲民眾在一九九六年到二〇〇九年間有下降趨勢。其他親身參與的社交活動，如體育活動、外出用餐，喝酒或跳舞，頻率也在降低中（雖然大多數歐洲人表示都有做這些事）。有趣的是，上網的人較常從事許多不同形式的人際交往。

12. National Opinion Research Center, *The General Social Survey (GSS), 1972–2008* (data file), accessed in 2009, http://www.norc.org; R. D. Putman, *Bowling Alone: The Collapse and Revival of American Community* (New York: Simon and Schuster, 2000); R. V. Robinson, and E. F. Jackson, "Is Trust in Others Declining in America? An Age-Period-Cohort Analysis," *Social Science Research* 30 (2001): 117–145; Katie Davis et al., "I'll Pay Attention When I'm Older: Generational Differences in Trust," in *Restoring Trust in Organizations and Leaders: Enduring Challenges and Emerging Answers*, ed. Roderick M. Kramer and Todd L. Pittinsky (New York: Oxford University Press, 2012), 47– 67; Katie Davis and Howard Gardner, "Trust: Its Conceptualization by Scholars, Its Status with Young Persons," in *Political and Civic Leadership: A Reference Handbook*, ed. Richard A. Couto, vol. 2 (Thousand Oaks, CA: Sage, 2010), 602–610.

13. Sherry Turkle, *Alone Together: Why We Expect More from Technology and Less from Each Other* (New York: Basic Books, 2011); Jacqueline Olds and Richard Schwartz, *The Lonely America; Stephen Marche, "Is Facebook Making Us Lonely?" Atlantic*, May 2012; David DiSalvo, "Are Social Networks Messing with Your Head?" *Scientific American*, January–February 2010.

14. R. Pea et al., "Media Use, Face-to-Face Communication, Media Multitasking,

and Social Well-Being among 8–12-Year-Old Girls," *Developmental Psychology* 48 (2012): 327–336.

15. Hui-Tzu Grace Chou and Nicholas Edge, " 'They Are Happier and Having Better Lives than I Am': The Impact of Facebook on Perceptions of Others' Lives," *Cyberpsychology, Behavior, and Social Networking* 15 (2012): 117–121.

16. Odelia Kaly, "Why I'm Worried about Social Media," *Huffington Post*, http://www.huffingtonpost.com/odelia-kaly/why-im-worried -about-soci_b_2161554.html.

17. Turkle, *Alone Together*; Andrew Reiner, "Only Disconnect," *Chronicle of Higher Education*, September 24, 2012.

18. Caroline Tell, "Let Your Smartphone Deliver the Bad News," New York Times, October 26, 2012.

19. Turkle, *Alone Together*, 154.

20. Christy Wampole, "How to Live without Irony," *New York Times*, November 17, 2012, http://opinionator.blogs.nytimes.com/2012/ 11/17/how-to-live-without-irony/.

21. Hofer and Moore, *iConnected Parent*.

22. Amanda L. Williams and Michael J. Merten, "iFamily: Internet and Social Media Technology in the Family Context," *Family and Consumer Sciences Research Journal* 40 (2011): 150–170.

23. Barry Wellman et al., "Connected Lives: The Project," in *Networked Neighbourhoods: The Connected Community in Context*, ed. Patrick Purcell

(Berlin: Springer, 2005), 161–216.

24. Valkenburg and Peter, "Social Consequences of the Internet for Adolescents"; Valkenburg and Peter, "Online Communication among Adolescents"; Nicole B. Ellison, Charles Steinfield, and Cliff Lampe, "The Benefits of Facebook 'Friends': Social Capital and College Students' Use of Online Social Network Sites," *Journal of Computer-Mediated Communication* 12 (2007): 1143–1168; Keith N. Hampton, Lauren F. Sessions, and Eun Ja Her, "Core Networks, Social Isolation, and New Media: How Internet and Mobile Phone Use Is Related to Network Size and Diversity," *Information Communication and Society* 14 (2011): 130–155; Hua Wang and Barry Wellman, "Social Connectivity in America: Changes in Adult Friendship Network Size from 2002 to 2007," *American Behavioral Scientist* 53 (2010): 1148–1169; Ito et al., *Hanging Out, Messing Around, and Geeking Out*; S. Craig Watkins, *The Young and the Digital: What the Migration to Social Network Sites, Games, and Anytime, Anywhere Media Means for Our Future* (Boston: Beacon, 2010); Lee Rainie and Barry Wellman, *Networked: The New Social Operating System* (Cambridge, MA: MIT Press, 2012).

25. Davis, "Friendship 2.0."

26. Susannah Stern, "Producing Sites, Exploring Identities: Youth Online Authorship," in Buckingham, *Youth, Identity, and Digital Media*, 95–117.

27. Sara H. Konrath, Edward H. O'Brien, and Courtney Hsing, "Changes in Dispositional Empathy in American College Students over Time: A Meta-

Analysis," *Personality and Social Psychology Review* 15 (2011): 180–198; Ito et al., *Hanging Out, Messing Around, and Geeking Out.*

28. Arthur Levine and Diane R. Dean, *Generation on a Tightrope: A Portrait of Today's College Student* (San Francisco: Jossey-Bass, 2012)

29. Associated Press–MTV Digital Abuse Survey, http://surveys.ap.org/data%5CKnowledgeNetworks% 5CAP_DigitalAbuseSurvey_ToplineTREND_1st%20story.pdf.

30. Amanda Lenhart et al., "Teens, Kindness, and Cruelty on Social Network Sites," *Pew Internet and American Life Project*, November 9, 2011, http://pewinternet.org/Reports/2011/Teens-and-social-media.aspx.

31. 針對社群媒體在青少年霸凌所扮演的角色，深入分析請見：Emily Bazelon, *Sticks and Stones: Defeating the Culture of Bullying and Rediscovering the Power of Character and Empathy* (New York: Random House, 2013).

32. Amy O'Leary, "In Virtual Play, Sex Harassment Is All Too Real," *New York Times*, August 1, 2012.
雖然許多線上遊戲與遊戲社群鼓勵貶抑他人，令人振奮的是，有越來越多有助社會和倫理行為的教育軟體出現。請見：T. Greitemeyer and S. Osswald, "Effects of Prosocial Video Games on Prosocial Behavior," *Journal of Personality and Social Psychology* 98 (2010): 211–221; and Marc A. Sestir and Bruce D. Bartholow, "Violent and Nonviolent Video Games Produce Opposing Effects on Aggressive and Prosocial Outcomes," *Journal of Experimental Social Psychology* 46 (2010): 934–942.

33. Caroline Heldman and Lisa Wade, "Hook-Up Culture: Setting a New Research Agenda," *Sexual Research and Social Policy* 7 (2010): 323–333; Donna Freitas, *The End of Sex: How Hookup Culture Is Leaving a Generation Unhappy, Sexually Unfulfilled, and Confused about Intimacy* (New York: Basic Books, 2013); J. R. Garcia and C. Reiber, "Hook-Up Behavior: A Biopsychosocial Perspective," *Journal of Social, Evolutionary, and Cultural Psychology* 2 (2008): 49–65; Madeline A. Fugère et al., "Sexual Attitudes and Double Standards: A Literature Review Focusing on Participant Gender and Ethnic Background," *Sexuality and Culture* 12 (2008): 169–182.

34. Levine and Dean, *Generation on a Tightrope*.

35. Ajay T. Abraham, Anastasiya Pocheptsova, and Rosellina Ferraro, "The Effect of Mobile Phone Use on Prosocial Behavior," http://gfx.svd -cdn.se/multimedia/archive/00830/L_s_hela_studien_om_830163a.pdf.

36. Eli Pariser, *The Filter Bubble: What the Internet Is Hiding from You* (New York: Penguin, 2011); Markus Prior, *Post-Broadcast Democ- racy: How Media Choice Increases Inequality in Political Involvement and Polarizes Elections* (New York: Cambridge University Press, 2007); Bill Bishop, The Big Sort (Boston: Houghton Mifflin, 2008); Cass R. Sunstein, *Republic.com* (Princeton, NJ: Princeton University Press, 2001); Lada Adamic and Natalie Glance, "The Political Blogosphere and the 2004 U.S. Election: Divided They Blog" (Paper presented at the proceedings of WWW-2005, Chiba, Japan, May 2005); J. Kelly, D. Fisher, and M. Smith, "Debate, Division, and Diversity: Political Discourse Networks in

USENET Newsgroups" (Paper presented at the Second Conference on Online Deliberation: Design, Research, and Practice [DIAC 05], Stanford University, Palo Alto, CA, May 2005); Itai Himelboim, Stephen McCreery, and Marc Smith, "Birds of a Feather Tweet Together: Integrating Network and Content Analyses to Examine Cross-Ideology Exposure on Twitter," *Journal of Computer-Mediated Communication* 18 (2013): 40–60.

37. 另有人提出相反的觀點，請見：Farhad Manjoo's essay, "My Technology New Year's Resolutions," *Slate*, January 4, 2013. 曼尼認為推特是「反過濾泡沫」。http://www.slate.com/articles/technology/technology/2013/01/new_year_s_resolutions_for_technology_in_2013.html.
反證請見：Matthew Gentzkow and Jesse M. Shapiro, "Ideological Segregation Online and Offline," *Quarterly Journal of Economics* 126 (2011): 1799–1839.
此外，驗證與反證並陳的研究請見：Sarita Yardi and danah boyd, "Dynamic Debates: An Analysis of Group Polarization over Time on Twitter," *Bulletin of Science, Technology and Society* 30 (2010): 316–327; Eszter Hargittai, Jason Gallo, and Matthew Kane, "Cross-Ideological Discussions among Conservatives and Liberal Bloggers," *Public Choice* 134 (2008): 67–86; H. Farrell, "The Consequences of the Internet for Politics," *Annual Review of Political Science* 15 (2012): 35–52.

第6章

1. Mimi Ito et al., *Hanging Out, Messing Around, and Geeking Out: Kids Living and Learning with New Media* (Cambridge, MA: MIT Press, 2009); Henry Jenkins, *Convergence Culture: Where Old and New Media Collide* (New York: NYU Press, 2006).
2. Mihaly Csikszentmihalyi, "Implications of a Systems Perspective for the Study of Creativity," in *Handbook of Creativity*, ed. Robert J. Sternberg (Cambridge: Cambridge University Press, 1999), 313–335.
3. Clay Shirky, *Cognitive Surplus: Creativity and Generosity in a Creative Age* (New York: Penguin, 2011).
4. Jenkins, *Convergence Culture*.
5. Jaron Lanier, *You Are Not a Gadget: A Manifesto* (New York: Alfred A. Knopf, 2010); Howard Gardner, *Truth, Beauty, and Goodness Reframed: Educating for the Virtues in the Age of Truthiness and Twitter* (New York: Basic Books, 2011).
6. Elizabeth Bonawitz et al., "The Double-Edged Sword of Pedagogy: Instruction Limits Spontaneous Exploration and Discovery," *Cognition* 120 (2011): 322–330.
7. Kyung Hee Kim, "The Creativity Crisis: The Decrease in Creative Thinking Scores on the Torrance Tests of Creative Thinking," *Creativity Research Journal* 23 (2011): 285–295.
8. Kyung Hee Kim, "Meta-Analyses of the Relationship of Creative Achievement to

Both IQ and Divergent Thinking Test Scores," *Journal of Creative Behavior* 42 (2008): 106–130; E. Paul Torrance, "Prediction of Adult Creative Achievement among High School Seniors," *Gifted Child Quarterly* 13 (1969): 223–229; E. Paul Torrance, "Predictive Vaidity of the Torrance Tests of Creative Thinking," *Journal of Creative Behavior* 6 (1972): 236–252; Hiroyuki Yamada and Alice Yu-Wen Tam,"Prediction Study of Adult Creative Achievement: Torrance's Longitudinal Study of Creativity Revisited," *Journal of Creative Behavior* 30 (1996): 144–149.

9. Kim, "Creativity Crisis"; Po Bronson and Ashley Merryman, "The Creativity Crisis," *Newsweek*, July 10, 2010, http://www.thedaily beast.com/newsweek/2010/07/10/the-creativity-crisis.html; Tom Ashbrook, "U.S. Creativity in Question," On-Point with Tom Ashbrook, WBUR, July 20, 2010, http://onpoint.wbur.org/2010/07/20/u-s-creativity-in-question.

10. Sandra W. Russ and Jessica A. Dillon, "Changes in Children's Pretend Play over Two Decades," *Creativity Research Journal* 23 (2011): 330–338.

11. 關於假想遊戲請見：Edward P. Fisher, "The Impact of Play on Development: A Meta-Analysis," *Play and Culture* 5 (1992): 159–181.
關於擴散性思考請見：Beth A. Hennessey and Teresa M. Amabile, "Creativity," *Annual Review of Psychology* 61 (2010): 569–598; Howard B. Parkhurst, "Confusion, Lack of Consensus, and the Definition of Creativity as a Construct," *Journal of Creative Behavior* 33 (1999): 1–21; Joy P. Guilford, *The Nature of Human Intelligence* (New York: McGraw-Hill, 1967).

12. Sandra W. Russ and Ethan D. Schafer, "Affect in Fantasy Play, Emotion in Memories, and Divergent Thinking," *Creativity Research Journal* 18 (2006): 347–354.
13. 關於混搭文化請見：Ito et al., *Hanging Out, Messing Around, and Geeking Out; Jenkins, Convergence Culture; and Shirky, Cognitive Surplus*.
14. Lanier, *You Are Not a Gadget*, 20.
15. Betsy Sparrow, Jenny Liu, and Daniel M. Wegner, "Google Effects on Memory: Cognitive Consequences of Having Information at Our Fingertips," *Science* 333 (2011): 776–778.
16. Patricia Greenfield and Jessica Beagles-Roos, "Radio vs. Television: Their Cognitive Impact on Children of Different Socioeconomic and Ethnic Groups," *Journal of Communication* 38 (1988): 71–92.
17. Patti M. Valkenburg and Tom H. A. van der Voort, "Influence of TV on Daydreaming and Creative Imagination: A Review of Research," *Psychological Bulletin* 116 (1994): 316–339.
18. Shirley Brice Heath, personal communication with author, June 3, 2011.
19. Eric Hoover, "Boston College Sees a Sharp Drop in Applications after Adding an Essay," Boston Globe, January 16, 2013.
20. Mihaly Csikszentmihalyi, *Creativity: Flow and the Psychology of Discovery and Invention* (New York: Harper Perennial, 1997).
21. Brenda Patoine, "Brain Development in a Hyper-Tech World," Dana Foundation, August 2008, http://www.dana.org/media/detail.aspx ?id=13126.

22. Karin Foerde, Barbara J. Knowlton, and Russell A. Poldrack, "Modulation of Competing Memory Systems by Distraction," *PNAS* 103 (2006): 11778–11783.
23. Sophie Ellwood, Gerry Pallier, Allan Snyder, and Jason Gallate, "The Incubation Effect: Hatching a Solution?" *Creativity Research Journal* 21 (2009): 6–14.
24. Flora Beeftink, Wendelien van Eerde, and Christel G. Rutte, "The Effect of Interruptions and Breaks on Insight and Impasses: Do You Need a Break Right Now?" *Creativity Research Journal* 20 (2008): 358–364.
25. Brewster Ghiselin, *The Creative Process: A Symposium* (Berkeley: University of California Press, 1952).
26. Ito et al., *Hanging Out, Messing Around, and Geeking Out*; Jacob W. Getzels and Mihaly Csikszentmihalyi, *The Creative Vision: A Longitudinal Study of Problem Finding in Art* (New York: John Wiley and Sons, 1976).
27. William Poundstone, *Are You Smart Enough to Work at Google? Trick Questions, Zen-Like Riddles, Insanely Difficult Puzzles and Other Devious Interviewing Techniques You Need to Know to Get a Job Anywhere in the New Economy* (New York: Back Bay Books/Little, Brown, 2012).
28. Seymour Papert, *Mindstorms: Children, Computers, and Powerful Ideas* (New York: Basic Books, 1980); Mitchel Resnick and Brian Silverman, "Some Reflections on Designing Construction Kits for Kids," in *IDC '05: Proceedings of the 2005 Conference on Interaction Design and Children* (New York: ACM, 2005), 117–122.
29. Linda A. Jackson et al., "Information Technology Use and Creativity: Findings

from the Children and Technology Project," *Computers in Human Behavior* 28 (2012): 370–376.
30. Oscar Ardaiz-Villanueva et al., "Evaluation of Computer Tools for Idea Generation and Team Formation in Project-Based Learning," *Computers and Education* 56 (2011): 700–711.
31. Igor Stravinsky, *Poetics of Music in the Form of Six Lessons* (Cambridge, MA: Harvard University Press, 1942), 63.
32. Shirky, *Cognitive Surplus*.
33. Lawrence Lessig, *Code and Other Laws of Cyberspace* (New York: Basic Books, 2000).
34. Hennessey and Amabile, "Creativity"; Parkhurst, "Confusion, Lack of Consensus, and the Definition of Creativity as a Construct"; Guilford, *Nature of Human Intelligence*.

第7章

引言：Alfred North Whitehead, *An Introduction to Mathematics* (New York: Holt, 1911), 61.
我們很高興看到英洛索夫最近在專欄上，對這句話有類似的反思，請見：Morozov, "Machines of Laughter and Forgetting," *New York Times Sunday*

Review, March 31, 2013, 12.

1. Anthony Burgess, *A Clockwork Orange* (1962; reprint ed., New York: W. W. Norton, 1986).
2. Anthony Burgess, "The Clockwork Condition," *New Yorker*, June 4, 2012.
3. Burgess, "Clockwork Condition."
4. Aldous Huxley, *Brave New World* (1932; reprint ed., New York: Harcourt Perennial, 2006).
5. George Orwell, *1984* (1948; reprint ed., New York: Signet, 1961).
6. B. F. Skinner, Walden II (1948; reprint ed., New York: Prentice Hall, 1976); Skinner, *Beyond Freedom and Dignity* (New York: Knopf, 1972).
7. Burgess, "Clockwork Condition."
8. Gustave Flaubert, *Sentimental Education: The Story of a Young Man* (1869; reprint ed., Charleston, SC: Forgotten Books, 2012).
9. 關於訪問美國的紀錄，取樣的參考請見：Oscar Handlin, *This Was America* (Cambridge, MA: Harvard University Press, 1949); J. Hector St. John de Crèvecoeur, *Letters from an American Farmer* (1782; reprint ed., New York: Dover, 2005); Charles Dickens, *American Notes for General Circulation* (London: Chapman and Hall, 1842); Harriet Martineau, *Society in America* (1837; reprint ed., New Brunswick, NJ: Transaction, 1981); Frances Trollope, *Domestic Manners of the Americans* (1832; reprint ed., New York: Dover, 2003); Alexis de Tocqueville, *Democracy in America* (1835, 1840; new trans., New York: Harper Perennial Classics, 2006); Alistair Cooke, *Alistair Cooke's America* (1973;

reprint ed., New York: Basic Books, 2009); and D. W. Brogan, *The American Character* (New York: Alfred A. Knopf, 1944).
10. Daniel Gilbert, *Stumbling on Happiness* (New York: Random House, 2006).
11. Shirley Brice Heath made this comment at a seminar at Harvard Project Zero on March 29, 2011, and at the Annual Meeting of the National Academy of Education, October 30, 2011.
12. Jeffrey Jensen Arnett, *Emerging Adulthood: The Winding Road from the Late Teens through the Twenties* (New York: Oxford University Press, 2004).
13. Mark Twain, *The Adventures of Huckleberry Finn* (1885; print ed., New York: St. Martin's, 1995), 265.
14. Robert D. Putnam and David E. Campbell, *American Grace: How Religion Divides and Unites Us* (New York: Simon and Schuster, 2010). 關於宗教 App 請見 :Cathleen Falsani, "Need Religion? There's an App for That," *Huffington Post*, December 3, 2010, http://www.huff ingtonpost.com/cathleen-falsani/need-religion-theres-an-a_b_789423 .html.
15. 關於 Good Play 計畫的參考資料，請見：Carrie James et al., *Young People, Ethics, and the Digital Media: A Synthesis from the GoodPlay Project* (Cambridge: MIT Press, 2009). For details, see thegoodproject.org.
16. 關於數位倫理請見：Marc Prensky, *Brain Gain: Technology and the Quest for Digital Wisdom* (New York: Palgrave Macmillan, 2012).
17. Alan Wolfe, *Moral Freedom: The Search for Virtue in a World of Choice* (New York: W. W. Norton, 2002).

18. 關於人們相信自己動機純正的說法，請見：Dan Ariely, *The (Honest) Truth about Dishonesty: How We Lie to Everyone—Especially Ourselves* (New York: HarperCollins, 2012).

19. James et al., *Young People, Ethics, and the Digital Media*.
詳細資料請見：thegoodproject.org. The Good Play Project, *Our Space: Being a Responsible Citizen of the Digital World* (Project Zero, Harvard Graduate School of Education, and Annenberg School for Communication, University of Southern California, 2011), http://dmlcentral.net/sites/dml central/files/resource_files Our_Space_full_casebook_compressed.pdf. See also the Common Sense Media digital citizenship curriculum, http://www.commonsensemedia.org /educators / curriculum.

20. Katie Davis et al., "Fostering Cross-Generational Dialogues about the Ethics of Online Life," *Journal of Media Literacy Education* 2 (2010): 124–150.

21. Katie Davis and Howard Gardner, "Five Minds Our Children Deserve: Why They're Needed, How to Nurture Them," *Journal of Educational Controversy* 6 (2012), http://www.wce.wwu.edu/Resources/ CEP/eJournal/v006n001/a001.shtml.

22. See Michael Polanyi, *Personal Knowledge: Towards a Post-Critical Philosophy* (Chicago: University of Chicago Press, 1958). See also Jean Lave and Etienne Wenger, *Situated Learning: Legitimate Peripheral Participation* (Cambridge: Cambridge University Press, 1991).

23. For studies of creativity, see Howard Gardner, *Creating Minds* (New York: Basic

Books, 1993); and Gardner, *Extraordinary Minds: Portraits of Four Exceptional Individuals and an Examination of Our Own Extraordinariness* (New York: Basic Books, 1997).

24. Pasi Sahlberg, *Finnish Lessons: What Can the World Learn from Educational Change in Finland?* (New York: Teachers College Press, 2011).

25. Atul Gawande, *The Checklist Manifesto: How to Get Things Right* (New York: Henry Holt, 2009); Jerome Groopman, MD, *How Doctors Think* (New York: Mariner Books, 2008).

26. Howard Gardner, Mihaly Csikszentmihalyi, and William Damon, *Good Work: When Excellence and Ethics Meet* (New York: Basic Books, 2001); Howard Gardner, ed., *GoodWork: Theory and Practice* (Cambridge, MA: Good Project, 2010), http://www.goodworkproject.org/publication/goodwork-theory-and-practice/. For more information, see the GoodWork website at http://www.thegoodproject.org/.

27. Kathleen Farrell, "Taking Stock: The Value of Structuring Reflection on GoodWork," in H. Gardner, GoodWork, http://www.good workproject.org/publication/goodwork-theory-and-practice/.

28. Home page, The Partnership for 21st Century Skills, http://www .p21.org/.

29. B. F. Skinner, *The Technology of Teaching* (Englewood Cliffs, NJ: Prentice-Hall, 1968).

30. Seth Kugel, "Using TripAdvisor? Some Advice," *New York Times*, January 1, 2013, http://frugaltraveler.blogs.nytimes.com/2013/01/01/ using-tripadvisor-

some-advice/.

31. Alfred North Whitehead, *The Aims of Education and Other Essays* (New York: Free Press, 1967).

32. Matthew Arnold, "Sweetness and Light," in *"Culture and Anarchy" and Other Writings*, ed. Stefan Collini (Cambridge: Cambridge University Press, 1993), 79.

33. Jennifer Pahlka, "Code American" (Paper presented at the Aspen Ideas Festival, August 2, 2012).

34. 關於波士頓發現路面坑洞的APP請見：http://codeforamer ica.org/2011/02/23/boston-citizens-connected/.

35. Tod Machover quoted in Jeremy Eichler, "Sounds of a City: A New Template for Collaboration in Toronto," *Boston Globe*, January 26, 2013.

36. Mimi Ito, *Engineering Play: A Cultural History of Children's Software* (Cambridge, MA: MIT Press, 2009); Tim Wu, *The Master Switch: The Rise and Fall of Information Empires* (New York: Vintage, 2011).

37. 關於獨特性請見：Brian Christian, *The Most Human Human: What Artificial Intelligence Teaches Us about Being Alive* (New York: Anchor Books, 2011); Evan Goldstein, "The Strange Neuroscience of Immortality," *The Chronicle of Higher Education*, July 20, 2012; and Ray Kurzweil, *The Singularity Is Near: When Humans Transcend Biology* (New York: Penguin, 2006).

38. Christine Rosen, "The Machine and the Ghost," New Republic, August 2, 2012; Allen Tate, *The Forlorn Demon: Didactic and Critical Essays* (Chicago: Regnery, 1953).

破解APP世代——哈佛創新教育團隊全面解讀數位青少年的挑戰與機會／霍華德・嘉納 Howard Gardner、凱蒂・戴維 Katie Davis 著；陳郁文譯 .-- 初版 .-- 台北市：時報文化，2015.05；272面；14.8×21公分 .--
（NEXT叢書；215）
譯自：The App Generation : How Today's Youth Navigate Identity,Intimacy, and Imagination in a Digital World
ISBN 978-957-13-6226-7（平裝）
1.青少年次文化　2.資訊社會
544.67　104003173

THE APP GENERATION

BED0215

破解APP世代——哈佛創新教育團隊全面解讀數位青少年的挑戰與機會

The App Generation : How Today's Youth Navigate Identity,Intimacy, and Imagination in a Digital World

作者　霍華德・嘉納 Howard Gardner、凱蒂・戴維 Katie Davis｜**譯者**　陳郁文｜**主編**　陳盈華｜**編輯**　劉珈盈
美術設計　陳文德｜**執行企劃**　楊齡媛｜**董事長・總經理**　趙政岷｜**總編輯**　余宜芳｜**出版者**　時報文化出版企業股份有限公司　10803台北市和平西路三段240號3樓　**發行專線**—(02)2306-6842　**讀者服務專線**—0800-231-705・(02)2304-7103　**讀者服務傳真**—(02)2304-6858　**郵撥**—19344724時報文化出版公司　**信箱**—台北郵政79-99信箱　**時報悅讀網**—http://www.readingtimes.com.tw｜**法律顧問**　理律法律事務所　陳長文律師、李念祖律師｜**印刷**　勁達印刷有限公司｜**初版一刷**　2015年5月8日｜**定價**　新台幣320元｜行政院新聞局局版北市業字第80號｜